Los 10 Secretos
AMOR del
Abundante

Si este libro le ha interesado y desea que lo mantengamos informado de nuestras publicaciones, escríbanos indicándonos cuáles son los temas de su interés (Autoayuda, Espiritualidad, Qigong, Naturismo, Enigmas, Terapias Energéticas, Psicología práctica, Tradición...) y gustosamente lo complaceremos.

Puede contactar con nosotros en
comunicación@editorialsirio.com

Título original: Secrets of Abundant Love
Traducido del inglés por Luisa Fernández Sierra
Diseño de portada: Editorial Sirio, S.A.

© de la edición original
Adam J. Jackson, 1996

© de la presente edición

EDITORIAL SIRIO, S.A.
C/ Rosa de los Vientos, 64
Pol. Ind. El Viso
29006-Málaga
España

EDITORIAL SIRIO
Nirvana Libros S.A. de C.V.
Camino a Minas, 501
Bodega nº 8,
Col. Lomas de Becerra
Del.: Alvaro Obregón
México D.F., 01280

ED. SIRIO ARGENTINA
C/ Paracas 59
1275- Capital Federal
Buenos Aires
(Argentina)

www.editorialsirio.com
E-Mail: sirio@editorialsirio.com

I.S.B.N.: 978-84-7808-801-0
Depósito Legal: MA-485-2012

Impreso en Imagraf

Printed in Spain

Adam J. Jackson

Los 10 Secretos
AMOR del
Abundante

editorial Sirio, s.a.

Un pensamiento atravesó mi mente y me dejó transfigurado. Por primera vez en mi vida contemplé aquello que es loado por tantos poetas y proclamado como la verdad definitiva por tantos pensadores: el amor es la última y más alta meta a la que el hombre puede aspirar. En ese momento comprendí plenamente el significado del gran secreto transmitido a través de la poesía y del pensamiento humano: la salvación del hombre tiene lugar a través del amor y en el amor.

Dr. Viktor E. Frankl:
El hombre en busca de sentido

A mi esposa, Karen, y a mis hijos
Sophie y Samuel, siempre con amor.

Agradecimientos

Me gustaría manifestar mi gratitud a todos aquellos que me han ayudado en mi trabajo y en la redacción de este libro. Estoy especialmente agradecido a:

Mi agente literario Sara Menguc y a su asistenta Georgia Glover por todos sus esfuerzos y su trabajo.

A todos en Thorsons, pero especialmente a Erica Smith, por su entusiasmo y constructivos comentarios a lo largo de la elaboración de este libro, y a Fiona Brown por revisar el manuscrito.

A mi madre, que siempre me animó a escribir y que continúa siendo una fuente de inspiración y de amor; a mi padre, por su ánimo, orientación y ayuda en todo mi trabajo; y a toda mi familia y amigos por su cariño y apoyo.

Y por último, a Karen, mi esposa y la más comprensiva de mis revisoras. No es posible expresar con palabras el amor que siento por la mujer que siempre ha tenido fe en mí y en mi trabajo.

Introducción

*Lo mejor y lo más hermoso de este mundo no pue-
de verse ni tocarse…, pero se siente con el corazón*

HELEN KELLER

Posiblemente, lo que todos más anhelamos en la vida sea el amor y las relaciones amorosas. Todos buscamos establecer una relación especial. ¿Por qué, entonces, tanta gente vive una vida solitaria, buscando esa relación, esperándola, pero que en muy pocas ocasiones la encuentra? Si el amor es lo que más deseamos, ¿por qué el número de divorcios y de hogares destruidos está alcanzando cifras tan astronómicas?

¿Por qué hay tantas madres y padres separados que intentan educar a sus hijos en solitario? ¿Por qué están las ciudades abarrotadas de gente que se siente sola y aislada? ¿No será que estamos buscando amor en el lugar equivocado?

Contrariamente a la creencia popular, el amor no es el resultado de la suerte o del destino, no es algo que nos sucede; es algo que nosotros creamos... y todos tenemos el poder y la capacidad de hacerlo. Todos podemos amar y ser amados, todos tenemos la capacidad de crear relaciones amorosas. No importan las circunstancias en las que nos encontremos —solteros y solos o en una relación insatisfactoria y estancada—, la vida puede cambiar y en nuestras manos está que cambie.

A diferencia de muchos otros relatos, los personajes de esta historia están basados en personas reales, si bien, obviamente, he cambiado sus nombres. Tengo la esperanza de que esta parábola inspire al lector del mismo modo que me inspiró a mí, y que sirva para recordarle que la vida puede ser todo aquello que creemos que debería ser: gozo, misterio y amor en abundancia.

El invitado de boda

Probablemente, de haber estado allí, no te hubieras percatado de él; ninguno de los otros doscientos invitados lo hicieron. Estaba sentado, solo, en una de las mesas más apartadas del salón. Era un hombre joven, con menos de treinta años. Su apariencia, altura y complexión eran normales. Su vestimenta tampoco se diferenciaba de la del resto de los asistentes masculinos: traje negro y camisa blanca con pajarita.

Y, sin embargo, se sentía extraño y fuera de lugar sentado allí solo.

Todos los invitados con los que había compartido mesa durante la comida estaban ahora bailando, pero este joven era tímido por naturaleza y no tenía novia. Así que decidió quedarse sentado y observar la fiesta.

No podía negar que el banquete había sido magnífico y que no habían reparado en gastos. A los cócteles de champán les siguió una exquisita cena de seis platos, amenizada por una banda de jazz en vivo que tocó durante los intervalos y el baile. El lugar en sí era espectacular. Se trataba de la suite Royal para banquetes de uno de los hoteles más lujosos de la ciudad. Nunca había sido demasiado extrovertido y estar en un salón con doscientos extraños no era su idea de diversión. A la única persona que conocía era al novio, un viejo amigo al que no había visto en años. De hecho, le sorprendió recibir una invitación para la boda.

Observó a su amigo que bailaba mejilla contra mejilla con la novia. Parecían muy felices juntos y el joven no pudo evitar sentir envidia y preguntarse si algún día llegaría a estar él en el lugar del novio.

«¿Por qué», pensó, «otra gente se casa, se asienta y tiene hijos y yo no consigo mantener una relación con una mujer por más de unos meses?» El problema no radicaba en encontrar chicas con las que salir, sino en encontrar a la chica adecuada, alguien con quien mantener una relación estable, alguien con quien deseara pasar el resto de su vida.

A veces, sólo pensar en su situación le deprimía. Comenzaba a creer que algo andaba mal en él, por no ser capaz de mantener una relación intensa y duradera. En otras ocasiones se decía a sí mismo que no tenía suerte. Quizás sus amigos tenían razón y el amor era una cuestión del destino: los astros te lo daban o te lo negaban. No se podía hacer nada al respecto: cualquier día te topabas con él o podía no ocurrir nunca.

Sólo se había enamorado una vez, dos años atrás, pero incluso esa aventura no había durado más de tres meses. Cuando rompieron, se sintió desolado y destrozado. Durante semanas apenas pudo comer y dormir adecuadamente. Después de ese desengaño se prometió que nunca más iba a permitir que alguien le hiriera de esa manera. Mientras tanto, observaba a las parejas del salón: unas abrazadas y riendo, otras bailando y cantando. Se intentó convencer de que era mucho mejor seguir solo y soltero. Después de todo, ¿cuántas relaciones realmente duraban? ¿Cuántas parejas siguen juntas después de unos años? Al menos, siendo soltero, no tendría que pasar por el dolor de la separación y la pérdida. Y además, era libre, libre de hacer lo que quisiera e ir adonde le apeteciese.

Fue entonces cuando, al pasear la mirada por el salón, vio algo que le inquietó, algo que le recordó que el amor duradero era posible y que las relaciones estables sí existían: en medio de la pista una pareja de ancianos bailaban muy abrazados y sonriéndose con la mirada. Mientras el joven los contemplaba, se preguntó si, por alguna suerte de milagro, existiría alguien esperándole a él también... en algún lugar...

El encuentro

—¿Estás solo? —El joven se volvió y vio a su lado a un anciano de rasgos orientales. Se trataba de un hombre de baja estatura, casi calvo excepto por las patillas, donde aún se apreciaba un poco de cabello ya totalmente blanco. Sus sonrientes ojos castaños parecían iluminar todo su rostro con una sonrisa. Al igual que el resto de los invitados masculinos, llevaba un traje negro con camisa blanca y pajarita.

—Sí —replicó el joven devolviéndole la sonrisa.

—Yo también —añadió el anciano—. ¿Te importa si me siento contigo?

—No, en absoluto.

—Una boda maravillosa, ¿verdad?

—Sí, supongo. Si te van ese tipo de cosas... —respondió el joven.

—¿Y a quién no le iba a gustar la celebración de una boda? —exclamó el anciano.

—Bueno, la verdad es que hoy en día no es más que una farsa —afirmó el joven acomodándose en el respaldo de la silla.

—¿Qué es una farsa? —quiso saber el anciano.

—El matrimonio.

—El matrimonio es una farsa sólo si la pareja no se ama —repuso el anciano.

—¡Amor! —exclamó el joven—. ¿Y qué es el amor? La gente se enamora y se desenamora cada dos por tres. Un día se adoran y al siguiente se odian. Si quiere saber mi opinión —aseveró el joven—, el amor se sobrevalora, pero lo único que hace es romper corazones y hacer a la gente desgraciada.

—Es fácil mostrarse cínico —respondió el anciano—, pero te aseguro que no existe mayor error en la vida que mostrarse cínico ante el amor.

El joven se giró para mirar al hombre de frente:

—¿Por qué?

—Hazme caso —respondió el anciano—. Cuando llegues al final de tu vida, lo único que contará será el amor que hayas dado y recibido. En tu viaje al otro mundo, lo único que te llevarás contigo es amor, y lo único de valor que dejarás atrás es amor... Y eso no es todo. Conozco a gente que ha sido capaz de soportar muchas dificultades en la vida, pero aún estoy por conocer a alguien que haya podido soportar una vida sin amor.

—Por eso el amor es el mejor regalo de la vida —continuó explicando el anciano—. Le da sentido y la hace merecedora de ser vivida.

—No estoy tan seguro de eso —murmuró el joven.

—¿Por qué no? —preguntó el anciano.

El joven permaneció silencioso durante unos momentos antes de responder.

—¿Sabe lo que pienso? Enamorarse es un mito romántico. Se nos hace creer que un día conoceremos a alguien y nos enamoraremos perdidamente, pero eso casi nunca sucede. Y, cuando sucede, no dura mucho.

—Ya veo... —dijo el anciano—. En eso llevas toda la razón. ¡Enamorarse es un mito romántico!

El joven de nuevo se giró para mirar al anciano de frente.

—Espere un momento —dijo sorprendido—, pero si...

—El amor no es algo que nos «sucede» —aclaró el anciano con una sonrisa—, es algo que creamos, y todos tenemos esa capacidad. La gente comete el error de creer que, si tienen suerte, se enamorarán; se imaginan que un día irán andando por la calle y, de repente, verán a alguien y sentirán un flechazo. Pero eso no es amor.

—¿Qué es entonces? —interrumpió el joven.

—Atracción física, cegamiento. ¡Pero definitivamente no es amor! No cabe duda de que el amor puede surgir a raíz de una atracción física mutua, pero el amor verdadero nunca puede ser sólo físico. Para amar, para amar realmente, debes comprender a esa persona, necesitas conocerla y respetarla. Es preciso que su bienestar te preocupe de verdad. Es como una empanada.

—¿Qué quiere decir? —replicó el joven un tanto sorprendido.

—Bueno, ¿crees que es posible saber si una empanada está buena o no con sólo mirarla? —preguntó el anciano.

—No. También tendría que probarla —replicó el joven.

—Efectivamente. En otras palabras, necesitas saber cómo es tanto por dentro como por fuera. ¿Estás de acuerdo conmigo?

—Claro.

—Pues lo mismo sucede con la gente —explicó el anciano—. No es posible conocer a alguien sólo por su apariencia física. Para amar a una persona de verdad debes verla por dentro (su naturaleza, su espíritu o su alma). Hay cosas que no pueden contemplarse con los ojos. En el amor, lo esencial sólo puede verse con el corazón.

—Por eso —prosiguió—, una relación duradera basada en el amor verdadero no es una casualidad, ni algo que suceda por accidente o que sea producto de la buena suerte. Tiene que construirse y cuidarse.

—Y, ¿cómo se logra eso? —inquirió el joven.

—Cuando era un muchacho, mi madre me enseñó la regla de oro del amor —explicó el anciano—. Es muy sencilla. Mi madre decía que si quieres que te amen, tú tienes que amar primero.

»Todos tenemos el poder de amar y de que nos amen y la capacidad para crear relaciones amorosas en nuestra vida. Por eso es tan triste que la gente decida vivir sin amor.

—¿Cómo puede decir eso? —objetó el joven, una vez más, mirando al anciano a los ojos—. ¿Por qué iba nadie a elegir vivir sin amor?

El anciano también miró al joven directamente y respondió:

—Alguna gente elige no amar para evitar el dolor que la separación y la perdida producen.

El joven se ruborizó y casi se atragantó al oír las palabras del hombre. Le hicieron sentirse incómodo, era como si hubiese leído su mente.

—Te aseguro —continuó diciendo el anciano—, que el amor está disponible para todo el mundo, pero debemos elegirlo.

Con un leve movimiento de cabeza señaló a una pareja sentada en una mesa cercana que estaba discutiendo.

—Ahí tienes un buen ejemplo: dos personas que prefieren ganar una discusión a ganar amor —añadió—. La vida está repleta de elecciones. Podemos elegir llevar la razón o que se nos ame; podemos elegir el perdón o la venganza; la soledad o la compañía. Siempre hay que hacer elecciones. Las personas que no cuentan con una relación amorosa en la vida, consciente o inconscientemente, lo han decidido así.

—¿Insinúa que la gente elige la situación en la que se encuentra? —repitió el joven.

—¡Pues claro! Seas lo que seas en la vida, sea cual sea tu situación, tú la has elegido. Estés casado o soltero, en una relación gratificante o infeliz, estás ahí por una razón: fue tu decisión. ¡Y sólo tú tienes el poder de cambiarla!

»Muchas personas cometen el error de pensar que el amor sólo entrará en sus vidas cuando encuentren a la persona de sus sueños. Creen que sabrán lo que es el amor tan pronto como 'su media naranja' entre en sus vidas. Pero lo cierto es que nunca encontrarán amor fuera, a menos que antes lo encuentren dentro de sí mismos.

»En la vida logras lo que eres y eres lo que logras. Las relaciones no aportan el amor, nosotros ponemos el amor en la relación. Cuando somos cariñosos, una relación cariñosa surge inevitablemente. Por eso digo que todo el mundo puede amar y ser amado y todos podemos (en cualquier circunstancia de la vida) crear una verdadera relación con amor.

—Puede que sea así —dijo el joven— pero, en cualquier caso, deberás contar con un poco de suerte para conocer a la persona adecuada, ¿no? Me refiero a conocer a alguien que te atraiga.

—La suerte no forma parte de esta ecuación —afirmó el hombre mayor.

—Vale, el destino entonces.

El anciano sonrió:

—El destino te puede echar una mano y, de hecho, casi siempre lo hace, pero tú debes poner de tu parte también. No vas a conocer a mucha gente si continúas sentado aquí solo en una esquina del salón. Debes levantarte y hacer que suceda.

—No siempre es fácil —protestó el joven.

—Nadie ha dicho que sea fácil —añadió el anciano—. Pero si deseas amor, debes renunciar a tus miedos y estar dispuesto a no dejar pasar las oportunidades que surjan.

—¿A qué oportunidades se refiere? —quiso saber el joven.

—En mi país, China, hay un cuento muy antiguo que lo ilustra muy bien. Un hombre recibió una noche la visita de un ángel, quien le comunicó que le esperaba un futuro fabuloso: se le daría la oportunidad de hacerse rico, de lograr una posición importante y respetada dentro de su comunidad y de casarse con una mujer muy hermosa.

»Este hombre se pasó la vida esperando a que los milagros prometidos llegasen, pero nunca lo hicieron, así que al final murió solo y pobre. Cuando llegó a las puertas del cielo, vio al ángel que le había visitado años atrás y protestó: 'Me prometiste riquezas, una buena posición social y una bella esposa. ¡Me he pasado la vida esperando en balde!'.

»'Yo no te hice esa promesa', replicó el ángel, 'te prometí la oportunidad de riqueza, buena posición social y de una esposa hermosa'.

»El hombre estaba realmente intrigado. 'No entiendo lo que quieres decir', confesó.

»'¿Recuerdas que una vez tuviste la idea de montar un negocio pero el miedo al fracaso te detuvo y nunca lo pusiste en práctica?' El hombre asintió con un gesto. 'Al no decidirte, unos años más tarde se le dio la idea a otro hombre que no permitió que el miedo al fracaso le impidiera ponerla en práctica. Recordarás que se convirtió en uno de los hombres más ricos del reino'.

»'También recordarás', prosiguió el ángel, 'aquella ocasión en la que un terremoto asoló la ciudad, derrumbó muchos edificios y miles de personas quedaron atrapadas en ellos. En aquella ocasión tuviste la oportunidad de ayudar a encontrar y rescatar a los supervivientes, pero no quisiste dejar tu hogar solo por miedo a que los muchos saqueadores que había te robasen tus pertenencias; así que ignoraste la petición de ayuda y te quedaste en casa'.

»El hombre asintió con vergüenza. 'Esa fue tu gran oportunidad de salvarle la vida a cientos de personas, con lo que hubieras ganado el respeto de todos ellos', continuó el ángel.

»'Por último, ¿recuerdas a aquella hermosa mujer pelirroja que te había atraído tanto? La creías incomparable a cualquier otra y nunca conociste a nadie igual. Sin embargo, pensaste que tal mujer no se casaría con alguien como tú y, para evitar el rechazo, nunca llegaste a proponérselo'.

»El hombre volvió a asentir, pero ahora las lágrimas rodaban por sus mejillas. 'Sí, amigo mío, ella podría haber sido tu esposa', dijo el ángel. 'Y con ella se te hubiera otorgado la bendición de tener hermosos hijos y de multiplicar la felicidad en tu vida'.

—A todos se nos ofrecen a diario muchas oportunidades —añadió el anciano—, pero muy a menudo, como el hombre de la historia, las dejamos pasar a causa de nuestros temores e inseguridades.

El joven no pudo impedir pensar en todas esas ocasiones en las que el miedo a ser rechazado le había impedido entablar una conversación con una chica que le había llamado la atención. Respiró profundamente, deprimido, por todas las oportunidades que había dejado pasar.

—Pero —continuó el anciano—, tenemos una ventaja sobre el hombre del cuento.

—¿Cuál es? —preguntó el joven con curiosidad.

—Aún estamos vivos. Podemos comenzar a aprovechar esas oportunidades y crear las nuestras propias.

El joven podía identificarse sin dificultad con muchas de las cosas que el anciano decía. Era cierto que siempre había pensado que las relaciones de pareja y el amor eran una cuestión de suerte o del destino. En su opinión, la persona adecuada aparecería o no en tu vida sin más. También creía que el amor siempre ocurría a primera vista en forma de flechazo; veías a alguien, la atracción era inmediata, y sin poder evitarlo te enamorabas. Pero ahora, después de escuchar al anciano, ya no estaba tan seguro.

—No puedes lograr una relación amorosa a menos que aprendas a amar. Una vez que tú ames, la relación surgirá —dijo el anciano mientras se ponía de pie.

—¿Y dice usted que cualquiera puede aprender a amar? —insistió el joven.

—Por supuesto —sonrió el anciano—. Es el estado más natural del mundo: amarte a ti mismo, a los demás y a la vida. Sean cuales sean nuestras circunstancias o posición en la vida, todos tenemos la capacidad de amar y de ser amados, de disfrutar del amor en abundancia. Todo lo que necesitamos son los secretos.

—¿Qué secretos? —preguntó el joven

—*Los secretos del amor abundante.*

—¿Los secretos del amor abundante? —repitió—. ¿De qué se trata?

—Los secretos del amor abundante fueron por primera vez expresados hace miles de años por sabios y profetas. Se trata de diez principios mediante los cuales podemos crear amor en nuestra vida, pero en tal abundancia que permanecerá con nosotros para siempre.

—Me está tomando el pelo ¿verdad? —replicó el joven—. ¿Insinúa que cualquier persona puede encontrar amor y establecer relaciones de amor verdadero?

—No exactamente. Lo que estoy diciendo es que todos podemos crear amor y relaciones amorosas —respondió el anciano.

—¿Pero cómo puede estar tan seguro de eso? —deseó saber el joven.

—Si choco mis manos, suenan, ¿verdad?; si empujo esta mesa, se mueve. Existen leyes en la naturaleza, leyes universales que lo rigen todo, desde el movimiento de las olas a la puesta del sol. Todo está gobernado por unas leyes increíblemente precisas. Los científicos han descubierto muchas de ellas —leyes de los cuerpos físicos, leyes del movimiento, la ley de la gravedad. Pero existen otras que se refieren a la naturaleza humana: a la salud, a la felicidad... y también hay unas leyes que rigen el amor.

—¿Leyes que rigen el amor? –exclamó el joven–. Si esas leyes existen, como usted dice, ¿por qué no las conocemos todos?

—Porque a veces perdemos el rumbo en la vida. A veces nos descorazonamos, nos desilusionamos y, entonces, las olvidamos. Necesitamos que nos las recuerden.

—Sin amor en la vida –prosiguió el hombre mayor–, el mundo sería un lugar muy frío y desolado. Pero con amor se convierte en un paraíso. Thornton Wilder, uno de los grandes poetas americanos, escribió: «Hay una tierra de los vivos y una de los muertos, y el puente entre ellas es el amor... la única forma de sobrevivir, lo único que tiene sentido».

»Si sigues los secretos del amor abundante encontrarás ese sentido o significado que transformará tu mundo, tu vida.

—¿Cómo? –quiso saber el joven.

El anciano sonrió mientras le daba un trozo de papel. El joven lo examinó detenidamente, pero todo lo que contenía era una lista con diez nombres y diez números de teléfono. Le dio la vuelta esperando encontrar algo más, pero la otra cara estaba en blanco.

—¿Qué es esto? –preguntó. Pero cuando alzó la mirada el anciano ya no estaba allí. El joven se levantó y buscó por la sala, se puso incluso de pie en la silla para ver mejor, pero el anciano no parecía estar en ninguna parte. Se volvió a sentar con la esperanza de que volviese a su mesa. Después de media hora de espera, supo que al menos esa tarde no iba a verle de nuevo.

Antes de marcharse, el joven se despidió de los novios. Tras dar las gracias por la invitación y desearles buena suerte, les preguntó si conocían a un señor mayor de origen chino. Ambos estaban seguros de que no había nadie con esas características en la lista de invitados.

El joven dedujo que debía de tratarse de un camarero, así que a la salida le preguntó al encargado del servicio si el hombre era parte de su equipo. De nuevo la respuesta fue negativa, nunca había oído hablar de él y, sin duda, no formaba parte de su plantilla.

El joven se sintió intrigado. ¿Quién era aquel hombre? ¿De dónde había salido? ¿Y qué eran los secretos del amor abundante de los que había hablado? Al abandonar el banquete, con la hoja de papel todavía en la mano, supo que sólo había una manera de averiguar todo eso.

El primer Secreto

El poder del pensamiento

$\mathcal{A}$l día siguiente el joven se puso en contacto con todas las personas de la lista. Estaba nervioso y, de hecho, le resultaba bastante embarazoso llamar a diez extraños por teléfono y preguntarles sobre los secretos del amor abundante. Pero para su total sorpresa, todos parecían saber exactamente a qué se refería y todos sin excepción se mostraron encantados de recibir su llamada. Se organizó para ir a verlos en el transcurso de las próximas semanas.

El joven sentía verdadera curiosidad por conocer a la primera persona de la lista. El doctor Hugo Puchia era un catedrático de sociología ya retirado y bastante conocido en los círculos académicos por sus ideas acerca de las relaciones humanas.

Había escrito varios libros sobre el tema, que habían recibido una gran aceptación por parte del público y con frecuencia se le invitaba a participar en programas de debate en radio y televisión.

La esencia de su mensaje era que la humanidad, en su búsqueda del progreso económico y científico, había dejado de lado otros aspectos más esenciales de la vida. Con frecuencia citaba la profecía de los indios Cree:

Sólo después de que el último árbol sea cortado. Sólo después de que el último río sea contaminado. Sólo después de que se pesque el último pez. Sólo entonces, descubrirás que el dinero no se puede comer.

El doctor Puchia era un hombre de sesenta y cinco años, de grandes dimensiones y con una naturaleza muy abierta. Su pelo, ya blanco, le caía sobre los hombros y su cara agradable, casi de niño, le daba un aspecto veinte años menor al de su verdadera edad. Recibió al joven con los brazos abiertos y le dio un abrazo, como si fuesen viejos amigos. El joven no supo cómo reaccionar ante esta bienvenida. No era su costumbre abrazar a extraños, de hecho, no estaba acostumbrado a abrazar a nadie, ni siquiera a los miembros de su familia. Los saludos entre ellos normalmente consistían en un estoico apretón de manos.

—¿Así que ayer conociste al viejo? —preguntó el doctor Puchia ofreciéndole un asiento—. ¿Cómo estaba?

—Por lo que pude ver, perfectamente bien —respondió el joven mientras se sentaba—. ¿Quién es? ¿De dónde viene?

—Yo me hago esas mismas preguntas. Sólo le vi una vez, y de eso hace ya más de treinta años.

»Lo conocí justo después de empezar a dar clases aquí en la universidad —continuó el doctor Puchia—. Me habían nombrado tutor de seis clases de estudiantes de primero. A las diez semanas de haberse iniciado el curso, me di cuenta de que una alumna se estaba ausentando. Se trataba de una joven vivaz, inteligente y atractiva, cuyo trabajo mostraba una gran sensibilidad. Era la tercera semana que no aparecía por clase y le pregunté al estudiante que se sentaba a su lado si sabía algo de ella. Ante mi horror, ni él ni nadie sabían nada y parecía traerles sin cuidado; ¡ni siquiera sabían el nombre de la chica!

»Después de clase fui a secretaría para averiguar algo más sobre la ausencia de mi alumna. 'Lo siento. Pensé que ya lo sabía', me dijo la jefa de administración, pidiéndome que entrara en su despacho. Allí me comunicó que mi alumna se había suicidado dos semanas atrás. Aquella hermosa joven se había arrojado desde un décimo piso.

»Me senté en el pasillo, totalmente destrozado por la noticia, sin entender cómo era posible que una persona con tanto potencial decidiese acabar con su vida. No sé cuánto tiempo estuve allí antes de notar que había alguien más sentado a mi lado.

—¿Quién era? –interrumpió el joven.

—Un señor oriental –añadió el doctor Puchia–. Me preguntó qué me sucedía y le conté lo de la chica. Se mantuvo en silencio durante unos instantes, después se giró hacia mí y dijo algo que nunca olvidaré. 'Sabes, enseñamos a los estudiantes a leer y a escribir, a sumar y a restar, les enseñamos lo que consideramos la esencia de una buena educación, pero no les enseñamos una de las cosas más importantes de la vida... no les enseñamos a amar'.

»Sus palabras me golpearon como un martillo. Era algo que yo sabía intuitivamente, pero nunca me había sido posible articularlo. Hablamos sobre el amor y la vida durante un rato y fue a través suya que oí hablar por primera vez sobre los secretos del amor abundante.

Diez principios inmemoriales que pueden traer amor a nuestras vidas y a las de aquellos que nos rodean.

—¿Quiere decir que los «secretos» realmente funcionan? –interrumpió el joven.

—Bueno, al menos han funcionado conmigo y tengo cientos de alumnos que pueden testificar que esos secretos también les han ayudado a ellos –replicó el doctor Puchia.

—Parece increíble, demasiado bueno para ser verdad –dijo el joven–. Lo que quiero decir es que si son tan fáciles, ¿por qué no los sigue todo el mundo?

—Esa es una buena pregunta –contestó el doctor Puchia–. En lo más profundo de nuestro ser, lo que más deseamos en el mundo es amor, pero supongo que lo olvidamos de vez en cuando. Buscando la consecución de otros objetivos nos desviamos del camino: perseguimos una carrera, más dinero o más riqueza; vamos detrás del ocio y del entretenimiento y, en el proceso, nos olvidamos de lo que realmente importa en la vida, y ¿qué es más importante que el amor?

El joven comenzó a tomar notas, al tiempo que el doctor Puchia proseguía con su relato.

—Antes de marcharse, el anciano me entregó una hoja de papel con una lista de nombres y números de teléfono. Me puse en contacto con todos ellos y a través suya aprendí formas muy simples y prácticas de experimentar el amor en abundancia.

»Aprendí maneras de construir relaciones sinceras y duraderas. Todos los secretos del amor abundante son igualmente importantes, pero el que más impacto tuvo en mi vida fue el del poder del pensamiento

—¿El pensamiento? –repitió el joven.

—Sí. Es un hecho simple pero innegable, que todos llegamos a ser aquello que pensamos. Si abrigas pensamientos de rabia, experimentarás rabia; si los abrigas de entusiasmo, te sentirás entusiasmado; si tienes pensamientos felices, experimentarás felicidad... y si albergas pensamientos de amor, experimentarás amor. Es así de sencillo.

El joven frunció el cejo levemente.

—Eso es fácil de decir, pero no estoy tan seguro de que sea fácil de practicar.

—Tienes toda la razón. No siempre es fácil. Por eso se ha escrito: «Aquel que conquista su propio espíritu es mucho más poderoso que el conquistador de pueblos». Pero se puede hacer. Todos elegimos lo que deseamos pensar, lo que sucede es que en el curso de nuestra educación se nos enseña a elegir pensamientos equivocados. Le enseñamos a la gente a que juzgue a los demás, a que discrimine a los que son diferentes. Pero a los niños no les preocupa el color ni el credo de nadie, simplemente ven personas. Ama a un niño y el niño te devolverá su amor, simplemente porque es parte de nuestra naturaleza amarnos mutuamente. El problema es que la percepción que un niño posee acerca del amor depende principalmente de sus padres.

—¿Qué quiere decir? —indagó el joven.

—Lo que quiero decir es que la forma en que los padres tratan a sus hijos y se comportan entre sí determina cómo el niño percibe el amor. Si a los niños se les grita y pega a menudo, invariablemente creerán que gritar o pegar es una conducta perfectamente adecuada dentro de una relación amorosa. Por eso tenemos que aprender de nuevo qué es el amor y qué significa dar amor. Debemos cambiar nuestras actitudes y creencias.

—¿Pero cómo podemos desenmarañar tantos años de condicionamiento? —preguntó el joven.

—Lo primero es cambiar nuestras actitudes y creencias y, por tanto, nuestros pensamientos. Para ello hacemos uso de las afirmaciones.

—¿Qué es una afirmación?

—Una afirmación es una aseveración que haces en voz alta o en silencio y que, si la repites lo suficiente, te ayudará a cambiar tus pensamientos y tus creencias. Por ejemplo, si crees que no te es posible mantener una relación larga y estable, puedes empezar a cambiar esa creencia mediante las siguientes afirmaciones:

«Si doy amor, puedo crearlo en mi vida. Hoy mostraré amor hacia todas las personas que me encuentre».

«Una relación amorosa surge fácilmente».

«Tengo la capacidad para crear en mi vida relaciones con amor».

— Si, por otra parte, crees que nunca encontrarás a tu compañera ideal, a tu alma gemela —añadió—, puedes afirmar:

«Mi compañera ideal entrará en mi vida a su debido tiempo».

—Las afirmaciones cambian nuestros pensamientos y creencias subconscientes —prosiguió el sociólogo—. Nuestros pensamientos determinan nuestras acciones, las acciones crean nuestra conducta y la conducta conforma nuestro destino.

—¿Con qué frecuencia hay que repetir una afirmación para que surta efecto? —deseó saber el joven, intrigado por esa técnica.

—Con tanta frecuencia como te sea posible. Algunas personas las escriben y las colocan en lugares estratégicos, como en el coche o en el frigorífico, para así verlas y leerlas con frecuencia. En cualquier caso, lo mínimo es tres veces al día por la mañana nada más despertarse, durante el día y justo antes de dormirse.

—¿Y eso es todo lo que necesitas hacer para cambiar tus pensamientos, repetir afirmaciones...? —preguntó el joven.

—No. Las afirmaciones te ayudan a cambiar las creencias subconscientes, pero después debes considerar conscientemente qué significa para ti el amor y qué significa amar a alguien. Puede parecerte obvio pero, en mi experiencia, muy pocas personas piensan realmente sobre ello. ¿Cuál sería, por ejemplo, tu respuesta?

— Ahh... esto... déjeme pensar... —comenzó a decir el joven con bastante vacilación—. Amar a alguien es cuidar de esa persona, es estar allí cuando te necesite, ayudarla.

—Excelente —dijo el doctor Puchia—. En otras palabras, cuidar siempre de su bienestar. Pero, ¿puedes realmente hacerlo, ayudarles y cuidarles, sin haber pensado antes en cuáles son sus necesidades?

—No, supongo que no —admitió el joven.

—Por tanto, si deseas amar a alguien o a algo, lo primero que debes hacer, lo más esencial, es pensar en sus necesidades y deseos —prosiguió el doctor Puchia—. Cuando empecé a trabajar, pensaba con toda la inocencia que dar clases consistía simplemente en enseñar materias: ya sea matemáticas, física, geografía o sociología. Pero no tardé en descubrir que un buen profesor no enseña materias a secas, enseña a estudiantes. Cada estudiante tiene sus propias necesidades individuales, todos tienen distintos niveles y modos de comprender, y un buen profesor debe tener todo eso en cuenta si no quiere que sus alumnos caigan en la frustración o en el aburrimiento.

»Lo mismo ocurre en la vida; si deseas tener relaciones con verdadero amor, debes considerar las necesidades de los demás. Y para eso necesitamos ponernos en su situación, intentar ver las cosas desde su perspectiva. Por ejemplo, muchas personas que se sienten atrapadas en una relación sin amor se quejan de que su pareja no les ama, pero no se preguntan: '¿Qué puedo hacer yo por mi pareja?', en vez de preguntarse: '¿Por qué ella o él no hace esto o lo otro por mí?'. Si lo hiciesen, descubrirían que su pareja comenzaría a sentirse amada y dispuesta a mostrar amor. El problema es que la gran mayoría de las veces sólo pensamos en nuestras propias necesidades y no en las de los demás. Si no pensamos en las necesidades de los demás, es muy difícil mostrar amor hacia ellos.

—Como ves —prosiguió el doctor Puchia—, todo comienza con el pensamiento: los pensamientos amorosos conducen a acciones y experiencias amorosas.

—Sí, pero hay un problema —objetó el joven—. Tus pensamientos no pueden ayudarte a encontrar o a crear una relación basada en el amor.

—Te sorprendería descubrir hasta qué punto lo hacen —añadió el doctor Puchia—. Tus pensamientos no sólo te ayudarán a atraer relaciones basadas en el amor, sino que además te ayudarán a reconocer a la mujer de tus sueños cuando entre en tu vida.

—No le entiendo —confesó el joven.

—Bueno, todo el mundo tiene la esperanza de encontrar a esa persona especial a la que amará siempre, ¿estás de acuerdo conmigo?

El joven asintió con un leve movimiento de cabeza.

—Veamos, ¿quién es para ti esa persona especial?

—No lo sé. Ese es mi problema —admitió el joven—. No tengo a nadie.

—¡Claro que tienes a alguien! —repuso el doctor Puchia—. Puedes estar seguro de eso. Lo que sucede es que aún no te has tropezado con ella. Pero existe algo más a lo que deberías prestar atención: cuando llegue la hora y esa mujer entre en tu vida, ¿como vas a reconocerla?

—¿Cómo puede nadie saber si la persona que ha conocido es su media naranja? —protestó el joven.

—La única manera que yo conozco —replicó el profesor— es saber de antemano quién es tu pareja ideal. Y la única manera de hacerlo es pensar en los atributos que deseas ver en esa persona.

—¿Qué tipo de atributos? —preguntó el joven.

—Físicos, mentales y emocionales. Por ejemplo, ¿será rubia o morena? ¿Alta o baja? ¿De qué color serán sus ojos? Puede que las características físicas no tengan demasiada importancia para ti, entonces, ¿qué tipo de aficiones o qué trabajo tendría? ¿Debe tener ciertas creencias espirituales? ¿Y qué carácter te gustaría: extrovertida o introvertida? ¿Deberá ser inteligente?

—Nunca se me había ocurrido pensar en eso —admitió el joven—. ¿Es de verdad importante?

—Por supuesto —aseguró el doctor Puchia—. Si no sabes con qué tipo de persona deseas pasar el resto de tu vida, ¿cómo vas a reconocerla cuando aparezca?

—¿Pero acaso no lo sabrás justo en el momento de conocerla? —argumentó el joven.

—Puede que para algunas personas sea así —admitió el doctor Puchia—. Pero estoy seguro que, incluso en esos casos, la persona se habrá creado de antemano algún tipo de imagen mental sobre su pareja ideal. Si no piensas en las características que te gustaría ver en ella, será muy fácil dejarse llevar por la atracción sexual, los caprichos o simplemente el miedo a la soledad y acabar con la persona equivocada.

«Por ejemplo, puede que para ti sea importante que a tu pareja le gusten los animales. Conoces a alguien por quien sientes atracción, pero pronto averiguas que odia a los animales. En ese caso sabrías que, por muy fuerte que sea la atracción sexual entre vosotros, no va a ser tu pareja ideal.

«El amor no es ciego, pero el deseo sexual y la atracción sí lo son; si no has pensado de antemano en los atributos de tu pareja, es muy fácil acabar con alguien totalmente incompatible. Por otra parte, si te creas una imagen mental de la persona con la que te gustaría compartir el resto de tu vida, es mucho más probable que la reconozcas cuando aparezca.

—¿Pero no resultará un poco restrictivo tener una imagen preconcebida de la pareja ideal? —inquirió el joven—. Lo que quiero decir es que parece improbable que acabes conociendo a una persona que realmente tenga todas las características de tu pareja ideal.

El doctor Puchia sonrió:

—De improbable nada... ¡puedes estar casi seguro de que la encontrarás! Esa es precisamente la esencia del poder del pensamiento: para atraer algo o a alguien a tu vida, primero debes imaginarte que ya está ahí. Claro está que algunas de las características que recojas en tu lista no serán verdaderamente importantes para ti, pero durante el proceso de elaboración de esa imagen mental podrás averiguar cuáles son los atributos que sí consideras relevantes.

»Es como ir de compras. Si no sabes lo que quieres o lo que tienes que comprar, es fácil que la publicidad y las ofertas te seduzcan y acabes comprando toda suerte de artículos que en realidad no necesitabas... Puede que incluso vuelvas a casa sin aquello que en principio querías comprar. Por otra parte, si de antemano sabes lo que quieres, irás directo a buscarlo a los estantes pertinentes. Lo mismo sucede con las relaciones; si vas por la vida sin pensar en los atributos que deseas ver en una persona, es muy probable que la atracción sexual o su físico te cautiven y, sólo más tarde, cuando la atracción se haya desvanecido, descubras que esa persona no posee ninguna de las características que consideras importantes. Pero, si desde un principio tenemos esos atributos en mente, cuando llegue la hora reconoceremos a la persona con más facilidad.

El joven continuó con sus notas y el doctor Puchia añadió:

—El amor en tu vida y en tus relaciones no debe convertirse en una lucha continua. No cabe duda de que a veces debemos esforzarnos para que una relación funcione, y si lo que queremos es amor, tenemos que poner en práctica cosas que generen amor; de hecho, supongo que en eso consisten los secretos del amor abundante: nos recuerdan esos elementos esenciales con los que necesitamos trabajar para procurarnos amor.

—¿Y elegir los pensamientos adecuados es uno de ellos? – quiso asegurarse el joven.

—¡Correcto! Tu capacidad de amar y de ser amado, de crear relaciones duraderas y con corazón, y tu capacidad para atraer a tu pareja ideal, comienza con el poder de tus pensamientos.

Esa misma noche, el joven elaboró un resumen de las notas que había tomado durante su encuentro con el doctor Puchia.

El primer secreto del Amor abundante: El poder del pensamiento

- El amor comienza con el pensamiento.

- Nos convertimos en lo que pensamos. Los pensamientos amorosos crean experiencias y relaciones amorosas.

- Las afirmaciones pueden cambiar nuestras creencias y pensamientos acerca de nosotros mismos y de los demás.

- Si quieres amar a alguien, necesitas tener en cuenta sus necesidades y deseos.

- Pensar acerca de tu pareja ideal te ayudará a reconocerla cuando entre en tu vida.

Seguidamente dejó vagar su mente y se imaginó a su pareja ideal: su apariencia, su personalidad, sus gustos y aversiones, sus creencias. Cerró los ojos y surgió una imagen: era una mujer preciosa, un poco más baja que él, pelo castaño a la altura de los hombros, unos enormes ojos verdes y una sonrisa cautivadora. Era una persona segura de sí misma, amable y generosa. Inteligente pero no demasiado seria, aunque sí compasiva y afectuosa. Le encantaban los animales, le preocupaba el medio ambiente y amaba los placeres simples de la vida como pasear por el campo o sentarse frente a la chimenea en las frías noches de invierno.

El joven escribió estas características en un papel, se acomodó en el sillón y las releyó. «Si sólo...», murmuró para sí. Dobló el papel y lo colocó con esmero en su maletín.

El segundo Secreto

El poder del respeto

$\mathcal{L}$a segunda persona en la lista del joven era una mujer llamada Millie Hopkins, doctora en psicología. Fue la primera mujer en alcanzar ese puesto en la universidad de la ciudad. Era una profesora realmente popular entre alumnos y compañeros de trabajo, todos la amaban por igual. Por el tono de su voz era patente que se alegraba mucho de recibir la llamada del joven, e insistió en hacer un hueco en su agenda para verlo al día siguiente. Decidieron quedar a las cinco de la tarde en su despacho del campus universitario.

A pesar de sus sesenta y cuatro años, la doctora Hopkins tenía el vigor y el entusiasmo de una estudiante de primero. El tono de su voz se animó aún más cuando escuchó hablar del anciano oriental. Era una mujer baja, de complexión fuerte y vestía un traje clásico azul marino y camisa blanca. Llevaba su pelo castaño recogido y su rostro, a pesar de algunas arrugas, era sereno y resultaba muy agradable.

—Conocí al señor oriental hace casi veinte años —recordó ella—. En aquellos tiempos yo era una persona muy diferente a la que soy ahora. Era drogadicta y vivía en la calle. El joven no pudo evitar quedarse boquiabierto ante esa declaración. Estaba atónito:

—Está bromeando, ¿verdad? —dijo el joven.

—No, en absoluto —respondió ella sin mostrar un ápice de vergüenza o turbación—. Había perdido la cuenta de las veces que había sido ingresada en el hospital por sobredosis, y cada vez que me daban de alta me tiraba de nuevo a la calle y vuelta a empezar.

»Pero un día me desperté en la cama de un hospital, después de otro lavado gástrico, y a mi lado había un médico que sostenía mi mano entre las suyas. Su rostro amable y bondadoso mostraba una preocupación genuina. Era la primera persona que mostraba verdadero interés en mí como persona. En muchos años era la primera vez que alguien hablaba conmigo, cara a cara, de ser humano a ser humano. Y por eso nunca le olvidaré.

»Hablamos durante mucho rato. Le conté cosas sobre mi familia, mi infancia y mi vida en la calle que nunca antes había confesado a nadie. Se lo conté todo. Y lo curioso es que hablar con él me hizo sentirme mucho mejor. Me dijo que tenía unos amigos que podrían ayudarme. Me dio sus nombres y teléfonos, así que me puse en contacto con ellos. Y le doy las gracias a Dios por haberlo hecho, porque ellos me enseñaron a vivir de nuevo.

—¿Se refiere a los secretos del amor abundante? —preguntó el joven.

—Efectivamente. Aprendí que la principal razón por la que no había amor en mi vida era porque yo no me amaba a mí misma. Por eso, el segundo secreto del amor abundante fue tan importante para mí: «el poder del respeto...». En aquel entonces no respetaba a nada ni a nadie. Si no respetas, no puedes amar. No puedes amar a nada o a nadie a menos que antes lo respetes. Y la primera persona que merece tu respeto eres tú mismo. Si no te respetas no puedes amarte, y si no te amas es muy difícil amar a los demás.

El joven comenzó a tomar notas de lo que Millie decía.

—Era mi gran problema: no me amaba ni me respetaba a mí misma.

—¿Por qué no?

—Creo que el origen de ello se remontaba a mi niñez –explicó ella–. Era hija ilegítima y mi madre se casó con otro hombre cuando yo tenía tres años. Siempre se había avergonzado de mí; y mi padrastro, por alguna razón que nunca averigüé, realmente me odiaba. Recuerdo una vez, cuando tenía seis años, que mi madre estaba abrazando a mis hermanastras y yo me acerqué para unirme a ellas. De repente sentí un empujón que me lanzó de bruces al suelo. Nunca olvidaré a mi padrastro, como una torre sobre mí, diciendo: 'iahora ella es la madre de mis hijas, fea bastarda!'.

—¿Y qué dijo tu madre ante eso? –preguntó el joven, que casi no podía creer lo que oía.

—¡Nada! Me ignoró y siguió abrazando a mis hermanastras como si yo no estuviese allí. Es difícil creer que unos padres puedan llegar a ser tan crueles, pero te aseguro que hay gente que ha sufrido aún mucho más de la mano de sus padres. No me pegaban, pero tampoco me dieron amor ni afecto. En otras palabras, mi propia familia me rechazó y me negó el afecto.

»Al sentirme rechazada y sin amor, empecé a odiar mi vida. Es un problema bastante común. Mucha gente no se respeta a sí misma. Las razones son múltiples: no les gusta su físico, voz, personalidad o inteligencia; se consideran inferiores a los demás y dejan de mostrar respeto por sí mismas. Yo tuve que aprender eso y a amarme antes de poder experimentar el amor de otras personas.

—¿Cómo aprendiste a respetarte? –indagó el joven–. Me imagino que no es tan fácil.

—Tienes razón –admitió Millie con una sonrisa–. No siempre resulta fácil, pero se puede lograr. Debemos aprender a aceptarnos y apreciarnos, independientemente de lo que la gente diga de nosotros. Tenemos que aprender que todo tiene un lugar en el mundo, que todos somos únicos y especiales. ¿Sabías, por ejemplo, que nunca ha existido nadie como tú y que nunca existirá nadie igual a ti? Ese hecho en sí, hace que cada ser humano –pobre o rico, blanco o de color, hombre o mujer– sea digno de respeto. Existe un dicho judío que es precioso: «El que salva un alma, salva al mundo». Quiere decir que todos somos igualmente valiosos, sea cual sea el color de nuestra piel o religión, todos tenemos el derecho a estar aquí.

—En teoría todo eso suena maravilloso, ¡pero la práctica es otra cuestión! –argumentó el joven.

—Claro que es así, eso es cierto con todo –replicó ella–. Pero eso no significa que no pueda lograrse. Si yo pude, estoy segura de que cualquiera puede. Es sólo una cuestión de encontrar aspectos dignos de respeto en nosotros mismos y en los demás.

—¿Qué quieres decir con eso? –deseó saber el joven.

—Bueno, nuestro cerebro es un mecanismo extraordinario. Incluso con todos los avances de la ciencia y de la medicina moderna, nuestros conocimientos de él son aún muy pocos y limitados. Una de las propiedades más increíbles de nuestro cerebro es su capacidad para encontrar respuesta a cualquier pregunta que le planteemos. Es posible, claro está, que te ofrezca respuestas erróneas, pero en cualquier caso son respuestas. Así pues, si por ejemplo te preguntas qué es lo que te gusta y respetas de ti, tu cerebro buscará y hallará una respuesta. De hecho, el anciano oriental me preguntó exactamente eso mismo. Al principio le dije que no había nada que respetara o que me gustase de mí, pero él insistió: 'Ya lo sé, pero si lo hubiera, ¿qué crees que sería?' Pensé de nuevo y unas pocas cosas surgieron. Sabía que era inteligente porque siempre había sido la primera de la clase, respetaba el hecho de que había sobrevivido sola y de que, a pesar de todas las circunstancias desesperadas en las que me había encontrado, nunca había robado, engañado o lastimado a nadie. De esta manera poco a poco empecé a sentirme mejor conmigo misma.

El joven continuó escribiendo, pero se detuvo un momento para preguntarle algo a la señora Hopkins:

—¿Eso significa que preguntarnos sobre lo que nos gusta o respetamos de nosotros es una forma de adquirir respeto hacia nosotros mismos?

—Lo único que puedo decirte es que eso me ayudó. Si me sirvió a mí, es razonable pensar que le servirá a cualquiera. Cuando te preguntas: «¿qué respeto en mí?», tu cerebro buscará invariablemente una respuesta.

—¿Y si no hay nada? —insistió el joven.

—Siempre hay algo —aseguró Millie—, y muy a menudo hay más de una cosa.

»Por ejemplo, puede que te respetes porque eres sincero, porque tienes un trabajo o porque haces ejercicio con asiduidad. No importa lo que sea, lo importante es encontrar algún aspecto tuyo que merezca tu respeto. También es muy útil plantearse esa misma pregunta con otras personas, especialmente con gente que nos desagrada.

—¿Por qué?

—Porque tu mente se centrará en lo que respetas en ellas en vez de en aquello que te disgusta. Una vez que esto suceda, te resultará más fácil mostrarte más cariñoso y compresivo con ellas.

—¿Cuando hablas de ser cariñoso, te refieres a... —dijo el joven buscando una clarificación.

—Me refiero a actuar de una forma más bondadosa y considerada hacia los demás. Hay mucha gente que trata a los demás como si no valiesen nada —prosiguió la doctora Hopkins—, pero lo cierto es que todos procedemos del mismo Creador, todos estamos hechos a la imagen y semejanza de Dios. Uno de los peores errores que se puede cometer en la vida es infravalorar el poder de un individuo. Toda persona tiene el poder de cambiar el mundo y, a su manera, cada persona lo hace. Cuando respetamos el verdadero valor de los demás, comenzamos a tratarlos de forma diferente.

»Recuerdo una noche, cuando dormía en la calle, que me desperté porque un policía estaba orinando sobre mi cara.

—¡¿Qué?! —exclamó el joven atónito—. ¿Y por qué lo hizo?

—Evidentemente ese policía sólo sentía desprecio por la gente que, como yo, no tenía hogar —replicó la doctora Hopkins—. No me respetaba ni me consideraba un ser humano. Nunca olvidaré esa imagen de él riéndose mientras orinaba sobre mí. Para él era una broma muy graciosa.

»Estoy convencida de que la gran mayoría de los problemas que tenemos en el mundo —continuó—, surgen porque perdemos el respeto (por nosotros mismos, los demás y la vida). En consecuencia, perdemos la capacidad de amar. Por todas partes podemos ver los resultados: árabes y judíos, blancos y negros, protestantes y católicos. Si respetásemos las creencias de los demás, podríamos empezar a querernos mutuamente.

»Una vez que has descubierto tu propia valía, empiezas a ver la de los demás y los respetas por ello. En mi caso, sólo después de respetarme y quererme empecé a sentirme cómoda en presencia de otras personas. También descubrí que cuando buscaba atributos dignos de respeto en los demás, mi actitud hacia ellos cambiaba y me resultaba más fácil mostrarme cariñosa.

El joven sonrió para sí mientras continuaba con sus notas. Parecía realmente sencillo y tenía mucho sentido y, sin embargo, nunca se le había ocurrido considerar la importancia que el respeto tiene en el amor y las relaciones.

—Dime algo —dijo—. ¿Cómo te las arreglaste para llegar a ser doctora en psicología después de tu vida en la calle?

—Una de las personas en la lista del anciano resultó ser una monja —le explicó Millie Hopkins con una sonrisa—. Se trataba de una maravillosa persona que me ayudó mucho. Logró sacarme de la calle y me encontró alojamiento en un convento cercano. El acuerdo fue que, a cambio del hospedaje, yo ayudaría con las tareas domésticas: cocina, jardinería o limpieza. Un poco de todo. Desde el primer día las monjas me recibieron con los brazos abiertos y me trataron como si fuese una de ellas, como otro miembro de la familia. Nunca me percibieron como una borracha o una drogadicta de los bajos fondos. Para ellas, yo era otro ser humano que necesitaba ayuda; y me la dieron. Era algo totalmente nuevo para mí: por primera vez en mi vida sentí que alguien me quería.

»La monja que conocí a través de la lista del anciano también me alentó para que volviese a estudiar. Me dijo que se me había otorgado el don de una mente excelente y que debía emplearla. Nadie me había animado jamás de esa manera, así que decidí matricularme en clases nocturnas. Todo el mundo en el convento me alentaba y me ayudaba con mis estudios y después de siete años logré licenciarme con matrícula de honor. Al año siguiente hice la tesis y, en los tres siguientes, el doctorado. El día que me doctoré fue el más memorable de toda mi vida. Todas las monjas del convento vinieron a la ceremonia. Jamás olvidaré el momento en que pronunciaron mi nombre y subí a la tarima a recoger el título. Ya con el título en la mano, me volví hacia la audiencia. Ese momento se me ha quedado grabado para siempre: veinte monjas, silbando, haciendo palmas y lanzando gritos de hurra. Cuando bajé, también vi a otra persona entre los asientos más alejados del auditorio: el anciano oriental estaba allí haciendo palmas y una sonrisa enorme iluminaba su rostro.

Más tarde, durante ese mismo día, el joven hizo un pequeño resumen de lo que Millie Hopkins le había dicho:

El segundo secreto del Amor abundante: El poder del respeto

🌸 No puedes amar nada ni a nadie a menos que antes lo respetes.

🌸 La primera persona que merece tu respeto eres tú.

🌸 Para recuperar el respeto por ti mismo, hazte la pregunta: «¿Qué respeto de mí?»

🌸 Para respetar a los demás, incluso a las personas que te desagradan, pregúntate: «¿Qué respeto de ellos?»

El tercer Secreto

El poder de la entrega

*L*a lucha de la señora Geraldine Williams por lograr el amor y la felicidad comenzó cuando salió del vientre de su madre sin piernas y con solo una mano. Fue uno de los miles de bebés que nacieron deformes durante la tragedia de la talidomida en los años sesenta. Este fármaco se prescribía a mujeres embarazadas para evitar las nauseas del embarazo, pero más tarde se supo que provocaba terribles deformaciones en el feto. El joven no pudo evitar sentirse incómodo cuando al estrecharle la mano a la señora Williams, que lo recibió sentada en su silla de ruedas, se percató de que era una prótesis.

—Me encantó recibir tu mensaje —dijo sin prestar atención ni darle importancia a la incomodidad del joven y conduciéndolo a la sala de estar—. Han pasado más de diez años desde que conocí al anciano oriental, pero todavía recuerdo ese día como si fuera ayer.

La señora Williams le indicó que tomase asiento en el sofá situado frente a su silla de ruedas.

—Lo conocí en el parque una tarde de verano —continuó diciendo—. Esa tarde se celebraba una fiesta en el instituto. Estaba atardeciendo y yo me encontraba sentada allí, pensando que nadie, aparte de mis padres, me amaría nunca tal y como era, ningún chico me invitaría jamás a salir con él y empecé a llorar.

»En ese momento escuché la voz de un hombre preguntándome si me encontraba bien. Levanté la mirada y vi a un anciano de aspecto oriental. Me ofreció un pañuelo para que me secase las lágrimas y se sentó en el banco que había a mi lado. Puso su mano sobre mis hombros y dijo: 'Quizás pueda ayudarte'. 'Nadie puede ayudarme', repliqué yo. '¿Por qué?', preguntó él. 'Todo tiene solución. En mi país se dice que cada problema abriga el don de enriquecer nuestras vidas'. Pero yo argumenté: 'Este problema jamás enriquecerá mi vida. Puede estar seguro de eso'.

»Él insistió. 'Pues yo tengo un amigo que es una persona extraordinaria. Hace diez años, cuando conducía una moto, un camión se le cruzó en el camino sin darle tiempo a frenar. Lo único que pudo hacer para salvar su vida fue derrapar y entrar debajo del camión. Lo consiguió, pero en el proceso el depósito de la gasolina se abrió y en menos de un segundo se vio cubierto de llamas. Se despertó tres días más tarde en la cama de un hospital, con un dolor insoportable debido a las quemaduras de tercer grado que cubrían el setenta por ciento de su cuerpo. El fuego había desfigurado su rostro, sus dedos eran ahora muñones y se había quedado paralítico de la cintura para abajo. Pero él tenía algo de lo que otra gente carece: un espíritu indomable. Incluso después de que su mujer le dejase porque no podía soportar vivir con un 'mutilado frito', se las arregló para continuar con su vida y acabó haciéndose millonario. Te hablo de un hombre terriblemente desfigurado, confinado en una silla de ruedas y sin dedos. Es difícil imaginar una incapacidad más extrema. Nadie pensó que lograría llevar una vida normal o establecer una relación amorosa. La gente solía decir: 'se volverá un amargado'. 'Maldecirá su destino'. 'Albergará rabia'. Después de todo, ¿qué razón tenía para seguir viviendo? Pero todos se equivocaron. Nunca sintió rabia, amargura, ni resentimiento, porque sabía que por dentro era la misma persona que siempre había sido. Aún tenía sueños que hacer realidad y siguió con ellos. Se convirtió en un excelente hombre de negocios y en un motivo de inspiración para todos los que lo conocían. Además, conoció a una mujer, que él describió como la mujer de sus sueños, y finalmente ¡se casó con ella!

»Yo me volví para mirarle de frente y le pregunté si realmente existía ese hombre y me contestó que sí y que su actitud hacia la vida era bien simple. Según él, puedes emplear el tiempo en vivir o en morir; y él no estaba dispuesto a morir todavía.

La señora Williams hizo una pausa antes de continuar con su historia.

—Le pregunté entonces cómo se las había arreglado su amigo para encontrar una relación amorosa —prosiguió—. El anciano respondió, sin darle demasiada importancia: 'como todo el mundo, con los secretos del amor abundante'.

»Era la primera vez que oía hablar de tal cosa; diez principios con los que, según el anciano, cualquiera podría generar amor en su vida, amor en abundancia.

—Suena demasiado perfecto para ser verdad —interrumpió el joven.

—Eso mismo pensé yo —dijo la señora Williams con una sonrisa—. Pero en mi caso funcionaron. Y si funcionaron conmigo, es de esperar que funcionen con cualquiera.

»El secreto que más efecto tuvo en mi vida fue... el poder de la entrega

—¿El secreto de la entrega? —repitió el joven.

—Sí, dar es para mí el más extraordinario de todos los secretos porque es extremadamente sencillo: si quieres recibir amor, todo lo que tienes que hacer es darlo. Y cuanto más des, más recibirás.

—No entiendo lo que quiere decir —confesó el joven, al tiempo que sacaba su cuaderno de notas—. ¿Me podría dar un ejemplo?

—Claro. Cuando le sonríes a la gente, ¿qué respuesta recibes normalmente?

—Pues otra sonrisa —replicó él.

—Y si le das un abrazo a alguien lo más normal es que ellos te lo devuelvan —siguió diciendo ella—. Unas palabras amables, una llamada telefónica, una carta... cualquier cosa que hagas para mostrarle a alguien que lo aprecias y lo quieres, volverá a ti con creces.

—Pero no todo el mundo responderá de esa manera —objetó el joven.

—No, es cierto, pero la gran mayoría sí que lo hacen —replicó ella—. El amor es como un bumerán, siempre vuelve a ti. Es posible que no proceda de la misma persona a la que tú se lo diste, pero de una manera u otra volverá. Y volverá con creces.

»Pero lo que no debes olvidar es que a diferencia de las posesiones materiales o del dinero, el amor es una fuente inagotable y todos podemos dar sin miedo a que se acabe. Cuando damos, no perdemos nada. De hecho, la única manera de secar el amor es si no lo entregamos.

—Pero intentar amar a ciertas personas es una verdadera pérdida de tiempo —protestó el joven.

—¿Por qué? —preguntó ella.

—Pues porque son odiosas. Hay personas que parecen tener sus corazones vacíos.

—Permíteme que te pregunte algo —pidió la señora Williams—. Si tienes unas semillas de árboles y plantas extraordinarias y preciosas, ¿dónde las plantarías: en un hermoso bosque, en una rebosante pradera o en un campo vacío?

—No estoy seguro de entender lo que intenta decirme —admitió el joven.

—Bueno, ¿qué zona se verá más favorecida por tus plantas?, ¿en qué zona producirá mayor impacto?

—En los campos vacíos.

—Exactamente. Supongamos que las semillas son el amor, ¿dónde será más necesario: en un corazón ya repleto de amor o en el de esas personas solitarias y amargadas?

—Ya entiendo lo que quiere decir —repuso el joven—, pero no siempre es fácil.

—Necesitas hacer el mismo esfuerzo para sonreír que para fruncir el ceño, para decir unas palabras agradables que para criticar. Podemos decidir ser agradables y cariñosos con la misma facilidad que podemos elegir ser antipáticos y desagradables.

La señora Williams prosiguió:

—Uno de los problemas que muchos tenemos es que no queremos ser los primeros en dar, sólo damos después de recibir. Con mucha frecuencia el amor es condicional. Decimos: 'si tú me amas, yo te amaré'. Esperamos a que la otra persona dé el primer paso; pero así, muy poca gente logra conocer el amor: se pasan la vida esperando a que alguien les ame antes. Su actitud es similar a la de un músico que dijera: 'no empezaré a tocar hasta que la gente esté bailando'.

»El amor verdadero es incondicional, consiste en no pedir nada a cambio. Una vez leí una hermosa historia sobre una niña que necesitaba un trasplante de médula. Por suerte, su hermano más pequeño era el candidato perfecto. Los médicos le explicaron al chico que su hermana moriría a menos que pudiera producir nueva sangre, pero que cualquier sangre no serviría, de hecho, la que su hermana necesitaba era la de él. Sin ninguna vacilación, el hermano les dijo a los médicos que él donaría su sangre. Justo antes de recibir la anestesia, el chico le preguntó al médico: '¿Me dolerá mucho cuando me muera?' Este chico de apenas siete años pensó que para salvar la vida de su hermana tendría que darle toda su sangre y, por tanto, su vida. No es muy común encontrarse con un amor tan puro como el que este chico sentía por su hermana.

—Es verdad, pero también es cierto que resulta más fácil amar a miembros de tu propia familia —añadió el joven.

—Eso no es necesariamente cierto. Algunas personas no sólo no aman a los miembros de su familia, sino que los odian.

El joven asintió con un movimiento de cabeza al recordar a Millie Hopkins, quien ante el desprecio y abandono que había sufrido de niña por parte de su familia, creció con sentimientos de odio hacia ella.

—Todos hemos sido creados por el mismo Dios —prosiguió la señora Williams—. Por dentro todos llevamos la misma sangre y los mismos huesos. En realidad somos como una gran familia. Y yo creo que esa es la esencia del amor: la capacidad para «vernos» en los demás.

»Si deseas conocer el amor abundante, debes estar dispuesto a dar amor incondicionalmente, sin exigir nada a cambio. De otra manera, no es amor. Un regalo no es un regalo si no se entrega voluntariamente, y el amor no es amor si no se ofrece sin condiciones. Por esta razón una de las formas más maravillosas de experimentar las delicias del dar y del amor es mediante la práctica al azar de actos bondadosos.

—¿Qué quiere decir con eso? —indagó el joven.

—Los actos de bondad al azar se llevan a cabo de forma espontanea, sin ningún motivo, excepto el del placer de dar. Ves en la calle a una persona que te parece triste y le entregas un ramo de flores, halagas a alguien por su buen aspecto o un trabajo bien hecho... Esos son actos de bondad al azar porque sorprenden al que los recibe y consiguen dibujar una sonrisa en el rostro; de esta manera propagas el amor, que se quedará con la persona que lo recibe para el resto de su vida.

El joven tomó nota de todo eso. Le gustó la frase de actos de bondad al azar.

—Así que usted cree que practicar actos de bondad al azar ayuda a generar amor en nuestras vidas —aventuró el joven.

—Sin lugar a dudas —dijo la señora Williams—. Esa práctica cambió totalmente la manera en que me percibía a mí misma. Durante toda mi vida me había considerado una víctima, pero a través de la entrega descubrí que, aunque era una minusválida, había muchísimas cosas que podía hacer por los demás, cosas que marcaban una diferencia en sus vidas.

—¿Has hecho algo por alguien, simplemente porque te preocupaba y sin ningún motivo ulterior? —añadió.

—Claro —dijo el joven recordando que hacía sólo unas semanas había ayudado a una joven madre que intentaba, con mucha dificultad, subir el carrito de su bebé por las escaleras. Era la hora punta y todo el mundo la empujaba de un lado para otro sin prestarle atención. Él se detuvo y la ayudó a llevar el carrito hasta el piso de arriba.

—¿Cómo te sentiste? Seguro que formidable —comentó la señora Williams.

El joven de nuevo asintió con un movimiento de cabeza. Se había sentido realmente bien, era como si ayudar a la mujer le hubiese aportado energía.

—Ese es otro ejemplo del poder de la entrega —afirmó ella—. No sólo te ayuda a sentir amor, sino que además te ayuda a construir relaciones con corazón. Nunca falla. De hecho, la entrega es una manera segura de garantizar la felicidad y el amor duradero entre dos personas.

—¿Por qué? —quiso saber el joven.

—En realidad es muy simple. Si te centras en lo que deseas ofrecer en una relación, en vez de en lo que deseas sacar de ella, nunca te equivocarás. Toda relación consiste en dar y tomar. ¿Estás de acuerdo?

—Sí.

—Si deseas tomar más de lo que das, acabarás experimentando problemas en la relación —explicó la señora Williams—. Por otra parte, si te centras en lo que puedes darle a tu pareja, nunca puedes equivocarte. Antes de comprometerse en una relación de por vida, la gran mayoría de la gente sólo piensa en lo que su pareja podrá darles. Si modificaran un poco su perspectiva y se preguntasen: '¿Qué puedo yo hacer por mi pareja?', estarían concentrándose en lo que ellos pueden aportar en vez de estar ofuscados por lo que van a obtener de ella. De este modo, manifestarían una actitud amorosa que contribuiría a crear una relación basada en el amor.

El joven pensó en ello por un momento, y cuánto más reflexionaba más sentido le encontraba. Siempre había pensado que el amor era algo que recibías de los demás. Nunca se le había ocurrido que podía experimentarse en el proceso de entrega. Tal vez sus relaciones del pasado habían fallado por esa razón: siempre se había centrado en lo que él deseaba obtener de la relación, pero no en lo que él tenía que ofrecerle a su pareja.

—Te voy a contar algo increíble que me sucedió hace cinco años —dijo ella tomando de nuevo la palabra—. Estaba viendo un documental en la televisión sobre un escándalo en Méjico concerniente a la talidomida. Aunque ya llevaba veinticinco años prohibido en los países occidentales, se había seguido distribuyendo allí.

—¡Pero eso es terrible! —exclamó el joven con incredulidad.

—Sí, ya lo sé. Yo tampoco podía creer lo que estaba viendo en aquella pantalla: niños deformes sin razón ni necesidad —añadió ella—. Había una niña en particular que me llamó la atención. Tendría siete u ocho años y, como yo, había nacido sin piernas. Además, tenía la cara deforme. Aunque podía valérselas por sí misma, padecía dolores continuos y su futuro no parecía muy prometedor.

»Su familia era pobre y no podía permitirse una prótesis de calidad que no le produjera dolor, ni la cirugía plástica que necesitaba en la cara. La prótesis que tenía, además de ser muy básica, no se ajustaba bien y le resultaba muy incómoda. Andar con esas piernas artificiales le causaba dolor y no podía sentarse sin quitárselas. No te lo vas a creer, pero no se le permitía subir al autobús escolar porque con las prótesis puestas no podía sentarse en sus asientos.

El joven, de nuevo, hizo un gesto de incredulidad.

—Supe desde el primer momento que tenía que ayudar a esa niña –prosiguió la señora Williams–. En una ocasión había leído que el amor no es más que el descubrimiento de nosotros mismos en los demás; el deleite del reconocimiento. No vi una niña mutilada y con desventajas, sino que me vi a mí misma. Estábamos unidas por nuestra minusvalía. Por primera vez en mi vida tuve la sensación de que mi sufrimiento había tenido una razón de ser.

»Durante los siguientes meses llevé a cabo una campaña de recogida de fondos para comprarle a la niña una prótesis más moderna y permitirle recibir la terapia física que necesitaba para poder adaptarse a ella. También quería darle la oportunidad de corregir su defecto facial mediante cirugía plástica. Para ello organicé fiestas, rifas y mercadillos; solicité donaciones e hice todo lo que estuvo en mis manos para recolectar fondos. A los dieciocho meses había logrado reunir la suma necesaria para pagar por su prótesis y, además, conseguí que un famoso médico de cirugía plástica la operase gratuitamente.

»Después de recibir el tratamiento y ya con sus nuevas piernas, fui a conocer a la niña. Tan pronto como me vio se abalanzó sobre mí con lágrimas en los ojos y, abrazada, no cesó de darme las gracias.

Por primera vez en mi vida experimenté una corriente de amor tan abundante que no pude contener las lágrimas. Hasta que tuve a esa niña en mis brazos, nunca había llorado de gozo.

»Fue entonces cuando comprendí lo que el anciano oriental había querido decir cuando me preguntó: '¿Quién es más inválida, una persona que no puede caminar o hablar u otra que no puede reír, llorar o amar?' Por primera vez tomé conciencia de que a pesar de mi minusvalía física, en realidad no era diferente de los demás. Y ese día supe que, pese a las dificultades y a la crueldad e hipocresía del mundo, cuando llenamos nuestros corazones de amor, la vida es hermosa.

»Un año más tarde conocí a un hombre, una persona maravillosa y amable, que hacía trabajo social en el club al que yo asistía. Desde el momento en que nos conocimos encajamos de maravilla. No sé exactamente qué fue, pero nos entendíamos muy bien. Pronto nos hicimos amigos íntimos y a los pocos meses el milagro con el que tanto había soñado tuvo lugar: me pidió que saliera con él.

»Un año más tarde estábamos casados y ahora tenemos dos hijos maravillosos. Como verás, el anciano llevaba razón: los problemas abrigan la semilla de un don que enriquecerá nuestras vidas.

»Siempre y cuando des, siempre y cuando contribuyas con algo, encontrarás el amor.

Esa noche el joven leyó las notas que había tomado durante su visita a la señora Williams:

El tercer secreto del Amor abundante: El poder de la entrega

Si deseas recibir amor, ¡todo lo que tienes que hacer es darlo!

Cuanto más amor entregues, más recibirás.

Amar es entregarte sin condiciones y voluntariamente.

Practica al azar actos de bondad.

Antes de comprometerte en una relación, no te preguntes por lo que la otra persona te puede dar, sino por lo que tú puedes aportarle a ella.

La fórmula secreta de una relación amorosa, feliz y para toda la vida es centrarte siempre en lo que puedes dar en lugar de en lo que puedes sacar de ella.

El cuarto Secreto

El poder de la amistad

*L*a cuarta persona en la lista del joven era un hombre llamado William Bachman. El señor Bachman era un periodista independiente que escribía artículos con bastante regularidad para la prensa nacional. Además, había publicado un libro, *Amigos y amantes*, que se había convertido en un verdadero éxito. Se trataba de un hombre alto y delgado cuyo anguloso rostro se iluminó de alegría al ver al joven en la puerta de su casa.

—Los secretos del amor abundante —confesó el señor Bachman— cambiaron mi vida completamente. Me había pasado diez años buscando a la pareja ideal, alguien con quien compartir mi vida, y hubo un momento en que pensé que nunca iba a suceder. Pero en menos de un año, después de descubrirlos, conocí a la mujer de mis sueños y mi relación con mi familia y amigos se transformó.

—¿De qué manera? —preguntó el joven.

—Todas mis relaciones se volvieron más íntimas, más sólidas —respondió el periodista.

El joven lo miró con incredulidad y añadió:

—¿De verdad que los secretos del amor abundante tuvieron ese impacto tan poderoso en su vida?

—Así es. Ya sé que suena un poco fantasioso, pero una vez que los pruebes verás que realmente funcionan —replicó el señor Bachman con una sonrisa—. Aunque todos los secretos me ayudaron de maneras distintas, el que más necesitaba aprender era acerca del poder de la amistad.

—¿El poder de la amistad? —repitió el joven—. ¿Me puede explicar en qué consiste?

—Bueno, solía pensar que en el amor lo único que contaba era el romance entre dos personas, y no me entiendas mal, el romance es muy importante. Pero hay muchos otros factores: el cariño y la consideración, estar ahí cuando alguien te necesite; el amor supone mucho más que romance, supone construir amistad.

El joven sacó su cuaderno y comenzó a tomar notas al tiempo que el señor Bachman continuaba con su explicación:

—Como muchos otros, busqué por todas partes a alguien a quien amar. Frecuenté bares, fiestas y discotecas, y aunque salí con muchas mujeres, nunca conseguí encontrar a mi media naranja. Había empezado a creer que nunca la encontraría. Recuerdo bien el día en que conocí al anciano. Estaba en un bar para solteros y sin saber precisamente cómo sucedió, al girarme, vi a un hombre sentado en mi mesa, un señor mayor de aspecto oriental.

»El hombre alzó su vaso y me saludó. Yo alcé el mío en respuesta. Pronto nos pusimos a conversar y me preguntó si estaba casado.

Le dije que no. '¿Novia al menos?', me preguntó. De nuevo respondí con una negativa. Entonces me preguntó por qué no tenía novia y yo le repliqué que aún no había encontrado a la mujer adecuada. Tras ese comentario, dijo algo que me hizo reflexionar sobre mi situación: 'Quizás estés buscándola en el lugar equivocado'.

—El lugar equivocado —repitió el joven—. ¿Qué quiso decir con eso?

—Esa fue exactamente mi reacción —afirmó él—. Le dije que una de las razones por las que frecuentaba bares y discotecas era porque allí había muchas mujeres solteras. Me miró atónito y después le dio un ataque de risa. Le pregunté qué le resultaba tan gracioso y me respondió así: '¿Has salido con muchas de las mujeres que has conocido en un bar o en una discoteca?' Yo le contesté que con varias. Sin embargo, cuando siguió indagando, tuve que reconocer que ninguna de esas relaciones había durado más de unas cuantas semanas.

—¿Qué tiene de malo ir a los bares o a la discoteca para conocer a gente? —preguntó el joven, un poco sorprendido.

—Nada —replicó el periodista—. Puede que tengas suerte y encuentres allí a la chica de tus sueños pero, como el anciano señaló, si lo que buscas es una relación duradera y con corazón, un lugar lleno de humo y con una música tan alta que resulta imposible hablar, no es el mejor sitio para encontrarla.

—Entonces, ¿dónde buscarla? —insistió el joven, que también frecuentaba bares y discotecas con la esperanza de conocer a chicas nuevas.

—Eso depende de ti.

—¿Qué quiere decir con eso?

—Pues que, como el anciano me explicó, si deseas encontrar un amor verdadero, primero debes buscar a una amiga verdadera. Es así de simple y, sin embargo, no se me había ocurrido. Asumimos que la base del amor es una fuerte atracción física. Con ello no estoy diciendo que la atracción física no sea importante, pero si lo que deseamos es amor en abundancia —si lo que deseamos es un amor para toda la vida— debemos mirar más allá de la mera apariencia física.

—El amor verdadero —prosiguió— se basa en la amistad, no en la atracción física. O como el escritor francés Antoine de Saint Exupéry dijo: 'El amor no consiste en mirar a los ojos del otro, sino en mirar juntos en la misma dirección'. También la Biblia nos dice: 'Dos personas no pueden viajar juntas a menos que estén de acuerdo en hacerlo'. La verdadera base de una relación amorosa y duradera se construye compartiendo creencias, metas y aficiones, además de buscando el respeto y la admiración mutua.

—¿De verdad es así de importante? —preguntó el joven levantando la mirada de su cuaderno.

—Sin lugar a dudas. De hecho un equipo de sociólogos de una universidad americana demostró lo importante que es la amistad en las relaciones amorosas. Estos investigadores realizaron una encuesta entre cientos de parejas que llevaban más de cincuenta años felizmente casadas y les preguntaron a qué atribuían su éxito en el matrimonio. El factor más predominante fue la amistad. Los dos miembros de la pareja consideraban a su compañero o compañera su mejor amigo o amiga. Además, compartían aficiones y tenían los mismos objetivos en la vida. El resto, incluyendo la belleza física y las posesiones materiales, a largo plazo resultaron ser irrelevantes. Lo que realmente les unía de por vida era la amistad.

»Eso fue lo que me inspiró a escribir mi libro *Amigos y amantes*. Mucha gente aún comete el error de creer que el amor surge de la atracción física, pero el aspecto físico es efímero y desaparece con el paso del tiempo.

»Por otro lado, un amor basado en la amistad y el respeto crece cada día. Después de todo, ¿qué belleza alberga una mujer que miente o qué atractivo guarda un hombre que le pega a su novia?

»Por tanto, cuando busques a tu pareja, en vez de centrarte exclusivamente en la atracción física que puedas sentir, asegúrate de que comparte tus creencias, valores y metas.

El joven asintió con un leve movimiento de cabeza. De manera intuitiva sabía que el periodista tenía razón. Después de hablar con el doctor Puchia, una de las cosas que había escrito acerca de su pareja ideal era que amase el aire libre, como él.

—Veo lo que quiere decir —añadió el joven—, pero, en cualquier caso, aún tienes que conocer a esa amiga...

—Es verdad —replicó el señor Bachman—. Pero para hacer amigos lo único que se requiere es ser amigable. Para hacerte con amigos especiales, lo que necesitas es mostrarte amigable con la gente que comparte tu sistema de valores y aficiones.

—Es más fácil decirlo que hacerlo —dijo el joven.

—¡No es difícil! Veamos, ¿cuáles son tus aficiones?

—Me gusta hacer senderismo los fines de semana. También me gusta el windsurfing y la ópera.

—¿Dónde crees que tendrás más posibilidades de conocer a futuros amigos: en un bar lleno de humo o en un club de senderismo, un grupo de windsurf o una sociedad para amantes de la ópera?

—Ya veo lo que quiere decir –admitió el joven–. Pero, ¿qué me dice de las personas que no tienen realmente una afición?

—A ellos les diría que empiecen a pensar en una afición, que descubran algo que les apasione. No tiene que ser algo demasiado especial; podría tratarse de un deporte como el fútbol, el tenis, el ciclismo o la natación; o de una actividad más social como el teatro, la danza o el senderismo; incluso podría tratarse de actividades políticas. Una vez que encontramos algo que nos guste será más fácil encontrar a alguien que comparta esas aficiones, porque ya tenemos algo en común. Si no tienes nada en común con la otra persona es muy difícil mantener una relación íntima con ella.

—De la manera que lo presenta suena fácil.

—La verdad es que es bastante sencillo y, al mismo tiempo, es algo que subestimamos. La gente está demasiado preocupada por encontrar una pareja, un marido o una esposa, pero la cierto es que si se centraran en construir amistades sólidas, lo otro les seguiría.

—Pero ser amigo no significa que encuentres a esa persona atractiva ni que vayas a acabar estableciendo una relación amorosa... –argumentó el joven.

—Claro que no. En eso llevas razón. Pero, recuerda que la relación no durará a menos que seáis amigos.

—No obstante, hay ocasiones en las que dos personas simplemente se enamoran, o mejor dicho, sienten una atracción física muy fuerte y sólo después llegan a ser amigos.

—Claro que eso es posible –admitió el señor Bachman–, y no del todo inusual. El punto clave, sin embargo, sigue siendo que la amistad es un elemento crucial si deseamos crear una relación para toda la vida, ya que es un ingrediente esencial del amor.

»Por eso, al considerar si una persona es nuestra pareja ideal o no, es bueno preguntarse: '¿Es mi mejor amiga?' Si la respuesta es negativa deberíamos considerarlo dos veces antes de comprometernos para el resto de nuestra vida en esa relación.

El joven continuó tomando notas, pero se detuvo un instante para preguntar:

—¿Qué me dice de las personas que ya están comprometidas con una relación? Supongo que es demasiado tarde para empezar a considerar el poder de la amistad...

—En absoluto. Muchas relaciones se han salvado gracias al poder de la amistad. La amistad es algo que puede crearse, todo lo que necesitas hacer es construir una base común, cosas que podáis hacer juntos. Dos personas pueden hacerse amigas de nuevo y, a partir de ahí, reconstruir su relación amorosa, ya que cuando la amistad florece también lo hace el amor.

—Una última cosa —dijo el joven ya en pie, listo para marcharse—. ¿Ha conocido a la chica de sus sueños?

El señor Bachman sonrió:

—Sí que la conocí. De hecho, estoy casado con ella. Conocí a Raquel en un club de senderismo. En un principio no sentí ninguna atracción física por ella, ni siquiera me llamó demasiado la atención, pero a medida que empezamos a conocernos la cosa cambió. Realmente nos sentíamos muy cómodos cuando estábamos juntos. Era la primera mujer con la que podía hablar de cosas que realmente me importaban. Descubrimos que compartíamos muchas aficiones y un mismo sistema de valores. Realmente éramos almas gemelas. Llegamos a hacernos amigos íntimos y, de repente, un día descubrí que me había enamorado y quería compartir el resto de mi vida con ella.

Cuando el joven llegó a su casa releyó las notas que había tomado durante su visita al señor Bachman:

El cuarto secreto del Amor abundante: El poder de la amistad

- Para encontrar un amor verdadero, primero debes encontrar a un amigo o a una amiga verdadera.

- El amor no consiste en mirar a los ojos del otro, sino en mirar juntos en la misma dirección.

- Para amar a alguien de verdad debes amarlo por lo que es, no por su aspecto físico.

- La amistad es la tierra en la que crece la semilla del amor.

- Si deseas que haya amor en una relación, primero debes aportar amistad.

El quinto Secreto

El poder del contacto físico

A la mañana siguiente, el joven fue al hospital de la ciudad para conocer a la siguiente persona de su lista, el doctor Peter Young.

El doctor Young era cirujano jefe del hospital. Se trataba de un hombre atractivo, alto y de color, con el pelo rizado, muy corto, y unos profundos ojos marrones. Tan pronto como el joven entró en su despacho, el doctor Young se levantó para saludarle con un cálido pero firme apretón de manos.

—Hola, ¿qué tal? Me alegro de conocerte.

—Lo mismo digo y gracias por dedicarme tu tiempo.

—De nada. Es un placer —añadió el doctor Young, mientras le indicaba al joven que tomara asiento—. ¿Quieres algo de beber?

—¿Sería posible un té?

—Claro, hecho —dijo el doctor Young, mientras le pedía a su secretaria que les trajese dos tazas de té.

—Dime, ¿cómo y cuándo conociste al anciano?

El joven estaba acabando de relatar su historia cuando llegó el té. El doctor le pasó una taza y comenzó su propio relato.

—Yo lo conocí hace quince años. Acababa de licenciarme en cirugía y creía poder comerme el mundo. Creía saberlo todo. En mi opinión, mi trabajo consistía en abrir pacientes, eliminar el problema y coserlos de nuevo. De hecho se me daba bien, pero nunca pasaba tiempo con ellos.

—¿Por qué? –preguntó el joven.

—Porque consideraba una pérdida de tiempo sentarme a charlar con los pacientes. Ese era el trabajo de las enfermeras. De hecho, reprendía a los médicos en prácticas que pasaban demasiado tiempo con un paciente. Ya sé que te puede parecer ridículo, pero me habían enseñado que el talento de un buen cirujano estaba en sus manos. Tuve que conocer a alguien tan especial como el anciano oriental para descubrir lo equivocado que estaba: el talento de un buen cirujano no está en sus manos, sino en su corazón.

El joven estaba realmente inmerso en el relato del doctor Young.

—Un día estaba haciendo mi ronda matutina y todo marchaba como de costumbre hasta que entré en la habitación de una paciente y encontré a uno de los celadores sentado a su lado sosteniéndole la mano. '¿No debería usted ocuparse de su trabajo?', le reprendí. Se volvió despacio hacia mí; jamás olvidaré esa mirada, esos ojos marrones mirándome intensamente al tiempo que decía: 'Tiene razón. Pero como usted no está haciendo el suyo, alguien tiene que hacerlo en su lugar'.

»Como ya te puedes imaginar, esa respuesta me puso furioso –prosiguió el doctor Young–. Así que levanté la voz y dije, '¡Oiga usted..!' 'Ahora no', dijo él en voz muy baja. 'Esta señora necesita ayuda'.

»Yo estaba fuera de mis casillas y pensé: '¿Cómo se atreve, un simple celador, a hablarme de esa manera?' La paciente en cuestión tenía cáncer terminal. Habíamos descubierto que tenía un tumor cerebral imposible de operar. 'Ella va a...'. Pero de nuevo el hombre levantó la mano indicándome que me callase. 'Ahora no, por favor'. »Esperé fuera de la habitación, listo para echarle un buen rapapolvos. Pero, cuando salió, me miró a los ojos y dijo: 'vivirá, doctor'. '¿Qué quiere decir con eso?', exigí. 'Tiene un tumor cerebral que no puede operarse'. '¿Ha sido alguna vez testigo de la recuperación de un paciente que padeciera una enfermedad incurable?', me preguntó el hombre. 'Claro', le repliqué yo, 'Pero...'. Entonces me preguntó cuál era mi opinión profesional respecto a esas recuperaciones imprevisibles. Yo contesté que no tenía ni la más remota idea, que se trataban de extrañas coincidencias. 'Se equivoca, doctor', me respondió el anciano, 'son milagros. ¿Y sabe qué causa esos milagros? El amor. El amor es la fuerza curativa más poderosa del universo, es más poderosa que cualquier medicina. Sin amor un cirujano no es más que un mero mecánico; no merece el calificativo de médico'.

»Y sin más, me alargó una hoja de papel y dijo: 'Si desea aprender cómo convertirse en un médico de verdad, tendrá que conocer a estas personas'. Miré el papel y lo único que contenía era una lista de nombres y sus números de teléfono. Cuando levanté la vista, el viejo se había esfumado.

»Estaba tan furioso ante su actitud que me dirigí directamente a la administración para localizarlo y darle una buena lección. Pero según los registros no existía ninguna persona con esas características trabajando en el hospital. Al principio pensé que se trataba de una equivocación en la base de datos, algo que a veces sucede, pero por mucho que buscamos no pudimos encontrar nada, así que lo dejé pasar... hasta el día siguiente.

—¿Qué pasó? –preguntó el joven.

—La enfermera me llamó para que acudiera inmediatamente... La mujer con el tumor cerebral estaba ahora sentada en la cama. Había recuperado el apetito y afirmaba sentirse mucho mejor. No podía creer lo que estaban viendo mis ojos: una mujer que durante años había sufrido nauseas y mareos, y que sólo dos días atrás había pasado por el quirófano, estaba ahora dándome las gracias y ¡diciendo que la operación parecía haber sido un éxito! Era increíble, ¡un milagro! No podía imaginarme qué era lo que hizo el anciano, pero no cabía duda de que había hecho algo. La única manera de averiguar más sobre él, era ponerme en contacto con las personas de la lista que me había entregado.

El cirujano continuó con su relato:

—Todas las personas que visité habían conocido al anciano y sabían acerca de los secretos del amor abundante. Yo nunca había oído sobre ellos y al principio me mostré muy escéptico pero, al mismo tiempo, sentía gran curiosidad por averiguar cómo el anciano había logrado ayudar a mi paciente. Nunca había considerado que el amor pudiese desempeñar un papel importante en la salud y en el proceso curativo; después de todo, en la facultad no nos dijeron que existiese ninguna conexión entre el amor, el afecto y los mecanismos de la curación. Pero existe. El anciano tenía toda la razón del mundo: el amor es el mayor poder curativo que existe.

—¿De verdad? –dijo el joven.

—De verdad —afirmó el doctor Young—. Y existen varios estudios que lo demuestran. Por ejemplo, en una investigación se descubrió que las personas que disfrutaban de una relación feliz y con amor presentaban un diez por ciento menos de enfermedades graves que aquellas otras que no la tenían. Además, el proceso de recuperación se aceleraba en aquellos pacientes que se sentían queridos y amados.

—¡Es increíble! —admitió el joven.

—Lo es, sin duda —asintió el médico—. Y para personas como yo, implicadas en la salud, es realmente muy interesante. Conforme fui aprendiendo sobre el amor abundante, comencé a percibir cambios en mi propia vida.

—¿A qué se refiere?

—Todo tipo de cosas —comentó el cirujano—. La relación con mi familia y amigos mejoró, empecé a llevarme mucho mejor con mi novia. Empecé a percibir a los pacientes como personas, no sólo como números en la lista. Sin embargo, el más extraordinario de todos los secretos, especialmente para el campo de la medicina, es el poder del contacto físico.

—¿Qué tiene que ver eso con el amor? —preguntó el joven un tanto sorprendido.

—Tocar a alguien encierra un poder tremendo. Crea un vínculo entre las personas y rompe las barreras de una manera que ninguna otra cosa consigue; y todos respondemos a ello. El roce contiene una energía que produce milagros.

—No hace mucho —prosiguió el doctor Young—, un grupo de investigadores llevó a cabo un interesante experimento en un hospital de prácticas en Londres. La situación era la siguiente: el cirujano visitaría a los pacientes la noche anterior a la operación y respondería a cualquier pregunta que estos tuvieran respecto a su caso concreto. Pero, además, para este experimento, el cirujano tomaría la mano del paciente mientras hablara con él o ella. ¿Puedes creer que los pacientes a los que se les dio la mano se recuperaron tres veces más rápidamente que los otros?

»Cuando tocamos a alguien con cariño, nuestra fisiología y la de la otra persona sufren ciertas alteraciones: las hormonas productoras de estrés se reducen, el sistema nervioso se relaja, el sistema inmunológico mejora, e incluso nuestras emociones y estado de ánimo cambian.

»Al descubrir todo esto inicié un programa de 'contacto físico' en los diferentes departamentos del hospital. Se alentó a médicos y enfermeras a tocar a los pacientes, a tomarles la mano y a abrazarlos. Tuvo tanto éxito que se extendió al departamento de psiquiatría. Recuerdo en especial a un paciente, un chico joven, que padecía parálisis cerebral y que estaba confinado en una silla de ruedas. Cuando me lo presentaron me agaché y le di un abrazo muy fuerte. De repente intentó hablar, sus ojos se llenaron de lágrimas e intentó apretarme a mí también. Las personas responsables de su cuidado me dijeron que, en tres años, era la primera vez que el chico respondía a un estímulo.

—Es realmente extraordinario —señaló el joven.

El doctor Young se limitó a sonreír como respuesta y siguió hablando:

—El personal del departamento de psicología estaba realmente intrigado por el poder que el contacto físico parecía tener y decidieron llevar a cabo otro experimento, esta vez en la calle. Le dieron a una mujer instrucciones de que se situase al lado de una cabina telefónica, en una concurrida calle de la ciudad, y que pidiese a los transeúntes que le cambiaran unas monedas para poder hacer una llamada telefónica. Al principio muy pocas personas se detuvieron a ayudarla. La segunda vez, la misma mujer se acercó a la gente tocándoles levemente el brazo mientras hacía su petición. Ante la sorpresa de los investigadores, en esta ocasión la mayoría de la gente, hombres y mujeres, a quienes pidió cambio se lo ofreció gustosamente.

»Puedes apreciar, pues, que el contacto físico, los abrazos y tomarle la mano a una persona son muy importantes si deseamos dar y recibir amor. Nos cambia física, mental y emocionalmente. Por eso, si deseamos recibir amor en abundancia es esencial que establezcamos contacto físico.

El joven asintió con un leve movimiento de cabeza al tiempo que se percató de que con su familia y amigos establecía muy poco contacto físico. Apenas si se tocaban o abrazaban. Cuando veía a su madre le daba un beso fugaz en la mejilla y a su padre le estrechaba la mano, pero en esas acciones nunca comunicaba afecto o calidez.

—No es tan fácil tocar o abrazar a alguien —le confesó al doctor.

—¿Por qué dices eso? Todo lo que tienes que hacer es abrir tus brazos. Cualquiera puede hacerlo —replicó el cirujano.

—Sí, pero nunca sabes cómo va a responder la otra persona. Puede que rechace tu gesto y que incluso muestre hostilidad.

—Pues eso te daría una buena razón para intentar destruir barreras —afirmó el doctor Young—. Recuerda que para amar necesitas ser valiente. Debes estar dispuesto a correr el riesgo del rechazo y del dolor, pero la mayoría de las veces no será necesario porque saldrá bien. La gente se abrirá a tu gesto. Si todos esperásemos a que los demás den el primer paso, ¿dónde estaríamos ahora?

»Todo lo que tienes que hacer es abrir tus brazos a los demás y verás como la gente te abre su corazón. De esta manera experimentarás la energía del amor encendida por el poder del contacto.

Ya de vuelta en su casa, el joven leyó las notas que había tomado:

El quinto secreto del Amor abundante: El poder del contacto físico

* El contacto físico es una de las expresiones más poderosas del amor, destruye barreras y crea vínculos entre la gente.

* El contacto físico altera nuestro estado físico y emocional y nos hace más receptivos al amor.

* El contacto físico ayuda a que el cuerpo sane y enternece el corazón.

* Cuando abres tus brazos, estás abriendo tu corazón.

El sexto Secreto

El poder del desprendimiento

*D*os días más tarde el joven se hallaba sentado en una pequeña cafetería del centro con la sexta persona de su lista, una mujer llamada Judith Renshaw.

La señora Renshaw era una mujer joven, de treinta años, casada y con dos hijos. Era bastante alta y de complexión fuerte. Ningún canon de belleza la hubiera definido como hermosa en el sentido clásico de la palabra, pero su rostro era bonito —grandes ojos marrones, nariz pequeña y una sonrisa cautivadora.

—La primera vez que oí sobre los secretos del amor abundante fue hace once años —comenzó a contarle al joven—. Estaba atravesando una mala racha. Acababa de romper con mi novio, con quien había estado saliendo más de un año. Cuando me dijo que deberíamos dejar de vernos me sentí destrozada. No podía comer ni dormir y ni siquiera podía concentrarme en el trabajo. Perdí tantos kilos que hubo gente que no me reconocía al verme. Después de un mes aún no podía aceptar que la relación se hubiese acabado.

»Estaba sentada en un banco en la plaza de una iglesia y un señor mayor de aspecto oriental vino a sentarse a mi lado. Sacó del bolsillo una pequeña bolsa con comida para las palomas. Pronto estaba rodeado, cientos de ellas se acercaron a comer las migajas que el anciano les arrojaba. Se volvió hacia mí y me preguntó si me gustaban las palomas. Yo simplemente me encogí de hombros y le dije que no sentía una atracción especial por ellas, pero que podía ver que a él le encantaban.

»El anciano sonrió y me contó que cuando era muchacho había un hombre en su pueblo que criaba palomas. Ese hombre estaba muy orgulloso de sus aves y no dejaba de repetirles a sus amigos lo muchísimo que las quería. Un día, en que el hombre estaba enseñándoles las palomas a los niños del pueblo, él le preguntó: 'Si tanto quiere a sus palomas, ¿por qué las tiene encerradas en jaulas y les impide volar?' El hombre le contestó que si no las tuviese en jaulas se escaparían y le dejarían. El anciano me confesó que, de muchacho, no podía entender el razonamiento de este hombre. '¿Cómo puedes amar algo y encerrarlo en una jaula en contra de su voluntad?', me dijo. 'En mi país, China, existe un aforismo que dice: *si amas algo, déjalo ir. Si vuelve a ti, es que es tuyo, pero si no lo hace, nunca lo fue*'.

El joven sacó cuaderno y bolígrafo, listo para tomar notas de lo que Judith Renshaw decía.

—Me dio la sensación de que la historia del viejo encerraba un mensaje para mí. No podía estar segura; después de todo, era imposible que él supiese nada de mi situación. Pero su relato era demasiado acertado. Yo estaba intentando forzar a mi novio para que volviese conmigo. Pensaba que si se quedaba conmigo todo lo demás me saldría bien. Supongo que, en retrospectiva, la razón de mi obsesión era que no quería estar sola. Pero a eso no le podemos llamar amor: es sólo miedo a la soledad.

»Así pues, el hombre se giró de nuevo y siguió dándoles de comer a las palomas. Después de reflexionar unos minutos sobre lo que había dicho, le respondí que no resultaba fácil soltar aquello que amamos. Él asintió, pero añadió: 'Sin embargo, si no puedes dejarlo marchar, en realidad no lo amas'. Hablamos durante un rato y durante la charla mencionó los secretos del amor abundante. Me parecieron totalmente increíbles ya que siempre había pensado que el amor era una cuestión del destino.

»Me resultaba difícil creer que pudiésemos ejercer control sobre el amor y las relaciones. No fue sino hasta mucho más tarde cuando comprendí que nosotros mismos escribimos las páginas del libro de la vida. El destino, más que gobernado por los astros, está regido por nuestros pensamientos, decisiones y acciones.

»Por ejemplo, siempre me había imaginado que tan pronto como iniciase una relación amorosa disfrutaría de los gozos del amor. Pero es al revés: hasta que no experimentes el deleite del amor, no puedes crear una relación amorosa.

»Antes de marcharse el anciano me entregó un papel...

—Con diez nombres y diez números de teléfono —completó el joven.

La mujer sonrió y añadió:

—Huelga decir que me puse en contacto con todas las personas de la lista y que, poco a poco, aprendí los secretos del amor abundante. Y lo increíble es que realmente funcionan.

—¿En qué sentido? —quiso saber el joven.

—Creo que al comprender que yo podía cambiar las cosas y que podía ejercer control sobre ellas, dejé de sentirme una víctima del destino y eso me ayudó mucho.

»Todos los secretos me ayudaron de una manera u otra —prosiguió ella—, pero para mí el más importante de ellos fue... el poder del desprendimiento, el poder de dejar ir.

»El amor no puede forzarse. Debemos dejar que las personas que amamos sean libres, si no, no nos estaremos comportando mejor que el criador de palomas. Cuando amamos a alguien debemos permitirle tomar sus propias decisiones y vivir a su gusto, en vez de intentar que lo haga de acuerdo a nuestras preferencias.

»No siempre resulta fácil dejar ir a la persona que amamos, pero no hay otra solución. Si no lo haces acabarás amargado, furioso y deprimido. Con esto no me estoy refiriendo solo a desechar y olvidarse de una relación una vez que se ha roto, sino que debemos adoptar esa misma actitud de 'desprendimiento' cuando estamos involucrados en una relación.

—¿Qué quieres decir? —indagó el joven—. Si estás en una relación, ¿cómo puedes dejar ir a la otra persona?

—Lo que quiero decir es que todos necesitamos nuestro propio espacio —aclaró Judith—. La gente necesita ser libre en una relación, si no es así pronto se sentirán atrapados. Si realmente amamos a una persona debemos respetar sus deseos y necesidades.

»Si nos aferramos demasiado a alguien, acabaremos ahogándolo emocionalmente. Adoptamos esta actitud de excesivo apego por celos, inseguridades y miedos, no por amor.

—Lo que quieres decir es que debemos permitir que la otra persona sea libre –añadió el joven.

—Efectivamente. Aunque va más allá –explicó ella–. Se trata de deshacernos de nuestro apego físico, pero también de cualquier cosa que obstaculice el amor.

—¿Como por ejemplo?

—Pues, por ejemplo, nuestros prejuicios y enjuiciamientos de los demás.

—No estoy seguro de entenderte –confesó el joven.

—Veamos, si tienes prejuicios hacia una persona o un tipo de gente no podrás evitar que tu conducta hacia ellos se vea afectada –continuó explicando–. Es mucho más difícil tratar con cariño a una persona sobre la que tenemos prejuicios. Tener prejuicios significa juzgarla antes de tener la oportunidad de conocerla verdaderamente. La gran mayoría de los prejuicios son, en cualquier caso, ridículas generalizaciones que no son más que estereotipos. Si lo piensas, es verdaderamente increíble la cantidad de prejuicios que alberga la gente.

—Por ejemplo...

—Pues, 'todos los gitanos son delincuentes'. 'Los americanos son estúpidos'. 'Las mujeres no saben conducir'. 'Los judíos son tacaños' o 'todos los que no son judíos son antisemitas'. Son estupideces que nos impiden mostrar nuestro cariño y amor.

»También debemos renunciar a nuestro ego –prosiguió Judith–. Muy poca gente es consciente de que nuestro ego es el mayor obstáculo que se interpone entre el amor abundante y nosotros.

—¿Por qué?

—¿Has observado cómo la gente se enzarza en acaloradas discusiones por las cuestiones más insignificantes? Aun cuando la materia de desacuerdo sea totalmente inconsecuente, siguen discutiendo durante horas hasta llegar a un amargo final. ¡Acaban incluso por olvidar el motivo de la discusión!

—Sí, pero a veces es necesario poner a la gente en su sitio –protestó el joven–. Si están equivocados en algo hay que decírselo, ¿no te parece?

—No estoy insinuando que no existan ocasiones en las que necesites defender tu punto de vista –aclaró ella–, especialmente si el asunto entre manos es importante para ti. Pero cuando la discusión no es más que una batalla por llevar la razón, como es a menudo el caso, ¿para qué perder tiempo y energía con ella? ¿Qué vas a sacar de ello, excepto probar que la otra persona estaba equivocada y que tú tenías razón? Antes de iniciar una discusión, pregúntate si realmente es tan importante para ti que la opinión de la otra persona sea diferente de la tuya y si merece la pena dañar vuestra relación por defender tu punto de vista. Si la respuesta es que no merece la pena, entonces no empieces una discusión.

El joven podía apreciar la lógica en las palabras de Judith. La verdad es que parecía muy sencillo. No pudo evitar sentir un poco de vergüenza al recordar la de veces que se había enzarzado en acaloradas discusiones con amigos, conocidos y familiares por asuntos sin importancia.

—Hay un proverbio que dice que a veces en la vida hay que elegir entre ser amado o llevar la razón –continuó ella–. Puedes poner tu energía en ganar una discusión o en ganar amor. Si el amor es tu prioridad, no te preocupes por demostrar que llevas la razón y que la otra persona está equivocada en asuntos sin importancia. En vez de eso, déjalo pasar.

»Recuerda que si lo que deseamos es amor, debemos desprendernos de cualquier cosa que se interponga en el camino. Nuestro ego es sólo una de ellas. Creo que ante todo debemos desprendernos de la rabia, la acritud y el resentimiento.

—Pero ¿cómo te desprendes de la rabia y del resentimiento?

—Perdonando —afirmó Judith—. Es muy sencillo: si deseas experimentar amor abundante debes aprender a perdonar.

—¿Pero no es mejor la venganza? Ojo por ojo, diente por diente...

—Si todos siguiésemos esa filosofía, el mundo estaría lleno de ciegos y desdentados . El resentimiento sólo ayuda a destruir el espíritu, mientras que el perdón libera al alma para que podamos amar.

»Nadie puede pretender ser perfecto, pero si aprendemos a perdonar los errores de los demás, podremos lograr relaciones perfectas. Todos cometemos errores y, si deseamos que la gente nos perdone por los nuestros, nosotros debemos estar dispuestos a perdonarles por los suyos. Ayuda recordar que incluso el más despiadado de los delincuentes fue en su día un bebé inocente. ¿Cómo podemos estar seguros de que, si hubiésemos recibido su educación y vivido bajo sus mismas circunstancias, no hubiésemos acabado como él?

»No olvides, sin embargo, que éste es sólo uno de los diez secretos y que los otros son igualmente importantes. Pero este tipo de desprendimiento y la actitud de 'soltar' nos permitirán mostrar cariño en los momentos más difíciles.

—No estarás insinuando que la gente reprima su rabia o sus temores, ¿verdad? –quiso saber el joven.

—No, ¡claro que no! –aseveró ella–. La rabia, el miedo y el resentimiento son emociones humanas, naturales, y tienen su lugar dentro de nosotros. Lo que estoy diciendo es que si queremos conocer el amor debemos estar dispuestos a dejar ir esas emociones negativas, a no aferrarnos a ellas. Si te aferras estarás creando una suerte de prisión emocional que te impedirá amar.

»El poder de este sexto secreto, además de ayudarme a salir a flote tras una relación rota, ha sido muy útil en otros momentos difíciles de mi vida. Por ejemplo, cuando mi padre se estaba muriendo en el hospital. Tenía cáncer y el dolor que padecía era insoportable. Yo no quería que muriese, pero tampoco quería que siguiera sufriendo. En ese momento supe, en lo más profundo de mi corazón, que amar, a veces, significa no aferrarse a los seres queridos.

Esa misma noche, el joven se sentó a revisar sus notas. Los recuerdos inundaron su mente: la separación de sus padres cuando sólo tenía seis años y la relación amorosa que no había funcionado. Después de conocer al anciano descubrió que había iniciado aquella relación porque tenía miedo a la soledad pero, al mismo tiempo, una vez en ella, le había asustado comprometerse plenamente. No podía continuar así, acarreando el lastre de dolores pasados. Era hora de dejar el dolor y los miedos atrás, de empezar de nuevo. ¿Pero cómo? Volvió a revisar las notas que había tomado durante su encuentro con el doctor Puchia y allí encontró una manera de vencer las creencias subconscientes del pasado: las afirmaciones. Y entonces, como por arte de magia, una afirmación le vino a la cabeza: «Hoy dejo atrás todos mis miedos, el pasado ya no tiene poder sobre mí; hoy es el comienzo de una nueva vida».

Escribió la afirmación debajo de las notas que había tomado durante su encuentro con Judith Renshaw y las releyó otra vez:

El sexto secreto del Amor abundante: El poder del desprendimiento

Si amas algo déjalo libre. Si vuelve, es tuyo; si no lo hace, nunca lo fue.

Incluso dentro de una relación amorosa, la gente necesita tener su propio espacio.

Si queremos aprender a amar, primero debemos aprender a perdonar y dejar ir nuestras heridas y dolencias del pasado.

Amar significa desprendernos de nuestros miedos, prejuicios, ego y condicionamientos.

«Hoy dejo atrás todos mis miedos, el pasado ya no tiene poder sobre mí; hoy es el comienzo de una nueva vida».

El séptimo Secreto

El poder de la comunicación

no de los mayores problemas que tiene la gente es que, aunque sabe amar, es incapaz de expresar y comunicar el amor que siente. Si verdaderamente deseamos conocer el amor y crear una relación amorosa, debemos estar dispuestos a expresar nuestros sentimientos. En mi caso, ese era el mayor problema y, por eso, de todos los secretos del amor abundante, el poder de la comunicación fue el que me resultó más increíble.

El joven estaba sentado al lado de la séptima persona de su lista, un hombre llamado Chris Palmer. El señor Palmer, un hombre bajo y delgado, con ojos azules e incipientes canas, era taxista. Aparentaba rondar los cincuenta años. Era la hora del almuerzo y los dos hombres estaban sentados en un banco de la parada de taxis, comiendo un bocadillo.

—Lo increíble es que ni siquiera era consciente de tener ese problema hasta que conocí al anciano oriental –continuó diciendo el taxista–. Una madrugada iba ya de camino a mi casa cuando él hizo una indicación para que parase el taxi. Me pidió que lo llevase a la estación de ferrocarril, ya que tenía que tomar el tren de las once y veinte para York. Aunque no estaba dentro de mi ruta, asentí a llevarle. Empezamos a charlar de todo un poco. Lo típico: las noticias, el tiempo, el fútbol, etc. Pero de una manera u otra la conversación acabó desembocando en el tema de las relaciones humanas y el amor. Le dije que no me hablase de amor porque mi mujer y yo estábamos atravesando una mala racha y no quería que me lo recordasen. Fue entonces cuando él hizo un comentario que dejó una profunda huella en mí: 'Una de las grandes dolencias que afligen a la humanidad es nuestra incapacidad para comunicarnos los unos con los otros'.

»Naturalmente, le pedí que me explicara lo que quería decir. Se volvió hacia mí y dijo: 'Conozco a un hombre que no puede recordar cuando fue la última vez que le dijo a su esposa que la quería. Ni siquiera puede acordarse de la última vez que le dio las gracias por todo lo que hace por él. Este hombre se cree valiente, pero no se atreve a decirle a su esposa que la quiere. ¡¿Se imagina?!

»¡Claro que me lo imaginaba! La descripción encajaba perfectamente conmigo. 'Pero seguro que su mujer sabe que él la quiere', aventuré.

»'Quizás sí y quizás no', replicó él. 'Es posible que ella necesite oírlo de vez en cuando', prosiguió. 'No se imagina cómo pueden cambiar las cosas cuando oímos a alguien dándonos las gracias o diciéndonos que nos quiere. Es parte de la naturaleza humana. Todos necesitamos sentir y saber que se nos aprecia'.

»Yo le confesé que nunca se me había ocurrido pensar en esos términos. Me miró y dijo: 'Es uno de los secretos del amor abundante; el poder de la comunicación'.

»Le hubiera pedido que me dijese más al respecto, pero en ese momento llegábamos a la estación. El anciano se bajó del taxi; pero antes de marcharse me dio las gracias por el viaje y añadió que había sido todo un placer hacer uso de mis servicios porque conducía con gran maestría. Me quedé boquiabierto. En todos mis años de taxista nadie me había felicitado por mi manera de conducir. Seguidamente me pagó y me volvió a dar las gracias. Al contar el dinero, vi que me había pagado el doble de lo estipulado y lo llamé para advertirle de la equivocación, pero él replicó: 'No, no me he equivocado' y, sin más, se dio media vuelta y continuó hacia la entrada de la estación.

»En ese momento volví a ojear el dinero y descubrí que detrás de los billetes había una nota: 'Los secretos del amor abundante', decía, y le seguía una lista de nombres y números de teléfono. Me bajé del taxi y me apresuré hacia la estación pensando que el papel podría ser importante para el anciano. Me dirigí inmediatamente a la oficina de información para averiguar el andén del tren de las 11.20 con dirección a York, como el anciano me había indicado. Mi esperanza era alcanzarlo. Pero debí equivocarme, porque no había ningún tren a las 11.20 que fuese a York. De hecho, el siguiente tren no salía hasta el próximo día por la mañana.

»A la mañana siguiente —prosiguió el señor Palmer—, llamé a las personas de la lista y, para mi sorpresa, todas habían oído hablar de los secretos del amor abundante y del anciano. En el transcurso de unas semanas conocí personalmente a cada una de las diez personas y gracias a ellas aprendí los secretos. Al principio me mostré muy escéptico, pero la verdad es que funcionaron.

»Realmente cambiaron mi vida, especialmente el del poder de la comunicación.

Por ejemplo, ¿sabías que al preguntarle a la gente con dificultades en su relación de pareja cuál es la raíz del conflicto, todas responden lo mismo? Todas dicen que les resulta imposible comunicarse con su pareja. Y es verdad: muchas veces no expresamos nuestros sentimientos ni escuchamos lo que la otra persona está intentando comunicarnos. Hay gente que ni siquiera habla durante las comidas y que prefiere cenar frente al televisor. Si eso se convierte en la tónica general dentro de nuestras relaciones, llegará un momento en que la comunicación desaparezca y, en consecuencia, dejaremos de amarnos.

El joven tomó algunas notas sobre lo que el señor Palmer estaba diciendo:

—Si queremos amar, primero debemos aprender a expresarnos, algo que a mí nunca se me había dado bien —afirmó Chris Palmer.

»Mi tendencia era guardarme los problemas y nunca expresar mis sentimientos. Después de conocer al anciano decidí decirle a mi mujer que la quería. No podía acordarme de la última vez que se lo había dicho. Primero lo intenté varias veces, pero no lograba emitir ningún sonido. Finalmente, respiré hondo y las palabras salieron a trompicones. Mi mujer me miró atónita y llena de incredulidad. Estaba tan sorprendida que me pidió que le repitiese lo que acababa de decir. Esta vez me resultó más fácil: 'Te quiero', le dije. Las lágrimas empezaron a brotar de sus ojos y se lanzó a mis brazos, diciéndome que ella también me quería.

»La sensación de gozo que sentí fue tal que, aunque era ya tarde, llamé a mi hijo que estaba en la universidad para decirle que lo quería. Creo que no se lo había dicho desde que era niño. Cuando cogió el teléfono le dije: 'Simón, te llamo para decirte que te quiero. Creo que ya es hora de que lo escuches de mi boca'. Hubo un momento de silencio al otro lado de la línea, y después dijo: 'Papá, ¿has estado bebiendo? ¿Sabes que hora es aquí?' Se me había olvidado que el horario de su ciudad estaba dos horas por delante de nosotros. 'Siento haberte despertado, hijo. No he bebido, pero quería que supieras que te quiero'. Mi hijo contestó: 'Lo sabía papá, pero es muy agradable oírlo. A propósito, yo también te quiero. ¿Puedo volverme a la cama?'

»Encontrarás gente que te diga que es ridículo pensar que dos palabras tan simples marquen diferencias tan abismales en la vida de alguien, pero quien te diga eso es porque no lo ha probado.

El joven respiró hondo. Él era una de esas personas que nunca decía 'te quiero'. Le era imposible decírselo a su madre y menos aún a un amigo.

—Si no podemos comunicar nuestros sentimientos —prosiguió el señor Palmer—, no podremos recibir ni dar amor. Cuanto más pensaba al respecto, más patente se me hacía la importancia de la comunicación. Analicé mi propia conducta y descubrí que nunca le decía a mi familia ni amigos que los amaba, ni los halagaba o les decía lo mucho que los apreciaba. Mi mujer me había estado lavando y planchando la ropa durante más de veinte años y nunca le había dado las gracias.

»Cuando cambié mi actitud y empecé a expresar mis sentimientos con mi mujer y otras personas, algo extraordinario tuvo lugar. La actitud de la gente también dio un giro y pronto empezaron a decirme lo mucho que me querían y me apreciaban. Antes de caer en la cuenta, todas mis relaciones habían mejorado, todo gracias a que yo había expresado mis sentimientos con sinceridad y abiertamente.

—Antes mencionó usted que nunca compartía sus problemas —dijo el joven—. ¿Es eso importante?

—Gracias por recordármelo —dijo el taxista—. Sí que lo es. El amor supone compartir y comunicarse con nuestros seres queridos. Pero la comunicación va más allá de la simple expresión de tus sentimientos hacia la otra persona. También supone compartir tus metas, miedos, esperanzas y problemas. Si uno se reserva los problemas que está atravesando, acabará excluyéndose y sintiéndose deprimido. Además, les estará negando a sus seres queridos la oportunidad de ofrecerle ayuda y apoyo.

El joven recordó las palabras del anciano: 'cada problema abriga el don de enriquecer tu vida'. La señora Williams había expresado lo mismo. Empezó a considerar la posibilidad de que esas palabras encerrasen cierta verdad.

—No me cabe la menor duda —añadió el taxista— de que, si la gente quiere conocer el amor y mejorar sus relaciones, debe aprender a comunicarse. Las personas necesitamos sentir que se nos aprecia para sentirnos amadas. Uno de los descubrimientos más extraordinarios de mi vida fue comprender que el amor no es algo fijo. Se asume que una vez que amamos a alguien, el amor estará presente y durará toda la vida. Pero la verdad es que el amor no es algo estático, es más bien como una planta: crece y florece, o se marchita y muere. La comunicación es el agua que mantiene vivo al amor.

El joven retiró la mirada, recordando las veces en las que había sentido miedo de expresar su afecto hacia un ser querido o de decirle que su bienestar le importaba.

—Sé a lo que se refiere —replicó, dirigiéndose de nuevo al señor Palmer—. ¿Pero cómo podemos aprender a comunicarnos con los demás, especialmente si no es parte de nuestra naturaleza?

—Personalmente, a mí nunca se me había dado bien, y por eso al aprender el poder de la comunicación mis relaciones mejoraron de una manera tan drástica —confesó el señor Palmer—. Puedes estar seguro de que cualquiera puede aprender a comunicarse con los demás. Lo primero que debes hacer es vencer el miedo. Unas personas temen parecer estúpidas y otras ser rechazadas. A este respecto, el mejor consejo que jamás he recibido es mantener presente esta pregunta: 'Si estuvieras a punto de morir y pudieras llamar por teléfono a una persona de tu elección, ¿a quién llamarías?, ¿qué le dirías? y... ¿a qué esperas para hacerlo?'.

»Cuando estés con una persona querida, procura recordar que esa vez podría ser la última que la veas. Por tanto, ahora que tienes la oportunidad, dile lo que siempre le has querido decir. Uno de los pesares más grandes de la vida tras la muerte de un ser querido, es la angustia de no haberle dicho que lo querías o lo importante que era para ti.

»Por otra parte, necesitamos comunicarnos con nuestros seres queridos para impedir que los problemas y los malentendidos se acumulen. De hecho, muchos problemas suelen surgir porque uno o ambos miembros de la pareja no saben transmitir sus pensamientos y sentimientos. A consecuencia de ello, se acumulan resentimientos y rabia que, tarde o temprano, causan que uno de los miembros de la pareja 'explote'. Si aprendiésemos a comunicarnos adecuadamente, los pequeños malentendidos y aflicciones podrían arreglarse cuando son aún intrascendentes y de poca monta. La mejor manera de lograrlo es aprender a expresarnos claramente con nuestros seres queridos y a escuchar a los demás cuando hablan de sus sentimientos.

»Y está claro —siguió explicando el señor Palmer— que si no establecemos una comunicación fluida, es imposible mantener una relación. Lo que quiero decir es que te resultará difícil salir con una chica si no le pides antes que salga contigo, ¿no te parece?

El joven asintió pero volvió a mirar hacia otro lado. ¡Había dejado pasar tantas oportunidades por miedo a exponer sus sentimientos!

—¿Te encuentras bien? —le preguntó el señor Palmer, después de un momento de silencio, al observar que el joven miraba absorto a un punto indeterminado de la calle.

—Sí, estoy bien. Sólo estaba pensando —respondió el joven, volviendo a centrar su atención en las palabras del señor Palmer.

—¿Sabes una cosa? —continuó diciendo el taxista—. Cuando aprendemos a comunicar y a compartir nuestros sentimientos y experiencias de forma abierta y sincera, nuestra vida cambia. Es como el cuento del hombre que se perdió en el bosque.

—¿Qué cuento es ese? —preguntó el joven.

—Un hombre estaba perdido en un bosque. Había probado ya varios senderos, con la esperanza de que alguno de ellos le condujese hacia la salida, pero todos volvían a converger en el mismo punto, justo donde él se encontraba ahora.

»Aún le quedaban por probar otros caminos, pero se encontraba cansado y hambriento, así que decidió tomarse un descanso antes de tomar una nueva senda. Mientras estaba allí sentado preguntándose qué sendero tomar, vio acercarse a otro viajero. Inmediatamente se puso de pie y gritó: '¿Me puede ayudar? Me he perdido'. El otro hombre dio un suspiro de alivio y replicó: 'Yo también estoy perdido'. Ambos comenzaron a intercambiar información y pronto descubrieron que entre los dos habían recorrido ya muchos de los caminos existentes. Ahora se ahorrarían trabajo y podrían evitar tomar senderos erróneos que uno u otro ya conociesen. Muy pronto los dos hombres estaban contándose sus desventuras con buen humor, lo que les ayudó a olvidarse del cansancio y del hambre. De esta manera, continuaron caminando a través del bosque.

»La vida es como el bosque: a veces nos perdemos y nos sentimos confundidos, pero si compartimos nuestras experiencias e impresiones con los demás, el viaje no parecerá tan desalentador y puede que juntos encontremos mejores caminos y modos de vida.

Aquella noche el joven volvió a leer las notas que había tomado ese día:

El séptimo secreto del Amor abundante: El poder de la comunicación

🌸 Cuando aprendemos a comunicarnos abiertamente y con sinceridad, la vida cambia.

🌸 Amar a una persona es establecer comunicación con ella.

🌸 Deja que la gente a la que amas sepa que la amas y la aprecias. Nunca tengas miedo a pronunciar las palabras mágicas: «te quiero».

🌸 No dejes pasar la oportunidad de halagar a una persona.

🌸 Despídete de la gente siempre con palabras cariñosas: puede que sea la última vez que veas a esa persona.

🌸 Si estuvieras a punto de morir y pudieras llamar por teléfono a las personas que quieres, ¿a quién llamarías?, ¿qué les dirías?... ¿A qué esperas para hacerlo?

El octavo Secreto

El poder del compromiso

Al día siguiente el joven quedó en reunirse con Stanley Conran, la octava persona de su lista. Stanley era el director de un colegio situado en uno de los barrios más pobres de la ciudad, una zona con un alto índice de delincuencia y paro. Las viviendas de la zona estaban en muy mal estado, las tiendas permanecían cerradas con sus puertas y ventanas tapiadas con trozos de madera y en las aceras rebosaba la basura. Ciertamente, no era un sitio que el joven hubiese elegido voluntariamente como lugar de trabajo o residencia. Sin embargo, cuando atravesó las puertas del colegio, tuvo la sensación de entrar en otro mundo. El sendero que conducía al edificio escolar, limpio y cuidado, con un césped recién cortado y un manto multicolor de flores, contrastaba drásticamente con el ambiente decadente que se respiraba en los alrededores.

Tan pronto como llegó le dirigieron hacia el despacho del señor Conran. El director era un hombre de grandes dimensiones, algo regordete; llevaba unas gafas de concha con cristales gruesos que daban a sus ojos una apariencia diminuta en comparación con el resto de sus rasgos. Tan pronto como el joven entró por la puerta, el señor Conran se levantó y le dio una cálida bienvenida.

—¿Te ha resultado difícil llegar aquí? –preguntó con cortesía.

—No, en absoluto –replicó el joven.

—Por favor, siéntate –añadió–. Dime, ¿cómo conociste al anciano?

—Fue hace unas semanas –explicó el joven–. ¿Sabe usted quién es de verdad?

—No, la verdad es que no lo sé, ni tampoco su procedencia. Todo lo que sé es que no estaría aquí si no hubiese sido por él.

—¿Por qué dice eso? –preguntó el joven, curioso por saber más.

—Conocí al anciano hace veinte años –explicó el director–. Fue justo antes de una Navidad. Después de la fiesta navideña de la oficina me quedé solo en el despacho, terminando una botella de vino. Sin saber cómo, de repente, vi a un anciano de rasgos orientales sentado al otro lado del escritorio. Le ofrecí un vaso de vino, pero lo rehusó con amabilidad.

»Comenzamos a hablar y antes de que pasara mucho tiempo estaba contándole mis penas. Mi vida estaba vacía. A pesar de tener más de treinta años, no dejaba de deambular de un trabajo a otro y de una relación a otra. Fue entonces cuando mencionó los secretos del amor abundante. Cuando lo hizo me resultaron divertidos y a la mañana siguiente sólo guardaba un vago recuerdo de nuestra conversación. De hecho, en ciertos momentos pensé que todo había sido un sueño, pero al meter la mano en el bolsillo de los pantalones que llevaba ese día, encontré un papel con una lista de diez nombres y diez números de teléfono.

El joven sonrió. Ya conocía bien esa historia.

—Ni que decir tiene que me picó la curiosidad —prosiguió el señor Conran—. Quería saber más sobre el viejo, así que me puse en contacto con las personas de la lista y gracias a ellas aprendí los secretos del amor abundante. Los secretos cambiaron totalmente mi actitud hacia la vida; empecé a percibir a los demás y a mí mismo con diferentes ojos. Era como si, de repente, el mundo hubiera dejado de estar en blanco y negro y ahora lo contemplara en color.

El joven comenzó a tomar notas.

—El secreto que más me impresionó en aquella época fue el poder del compromiso —prosiguió el señor Conran—. La gente asume que el amor sólo está relacionado con el afecto y el romance, pero es muchísimo más: el amor no existe sin el compromiso.

—¿Puede explicar eso un poco más? —rogó el joven.

—La verdad es que es bastante sencillo: si quieres experimentar amor en abundancia, si quieres amar y que te amen, si quieres una relación para toda la vida, debes comprometerte a ser 'amoroso'. No tardé mucho en descubrir que mis relaciones nunca habían durado mucho por mi temor a comprometerme.

—¿Por qué le asustaba comprometerse?

—Te lo puedo decir en pocas palabras: ¡Tenía miedo!

Esa frase había surgido en su mente de manera reiterada desde que conoció al viejo. Éste le había dicho que el miedo era el mayor obstáculo para el amor y parecía que la mayoría de los secretos del amor abundante ofrecían diferentes modos de vencer el miedo, ya fuese al rechazo, al ridículo o a la pérdida.

—Creo que ese miedo echó raíces durante mi infancia –siguió explicando el señor Conran–. Mis padres se divorciaron cuando yo tenía diez años y fue entonces cuando conocí el dolor de la separación. Nunca tuve un hogar estable y seguro, ni una vida verdaderamente familiar. Creo que todo eso debió desempeñar un papel importante en mi incapacidad para comprometerme, ya fuese con un empleo, una relación o una hipoteca.

»Lo que no sabía era que, hasta que no te comprometes en la relación, no puedes crear un vínculo estable basado en el amor. Cuando verdaderamente amas a una persona, te comprometes con ella y con la relación. Te asegurarás de estar siempre cerca cuando te necesite, y nada ni nadie se antepondrá a ella.

—Estoy convencido de que –continuó el director– si queremos algo en la vida, especialmente si es amor, debemos hallar maneras de vencer nuestros miedos y estar dispuestos a comprometernos con las personas o cosas que nos son queridas.

»La falta de compromiso es un problema muy habitual. Después de todo, es completamente natural que, si en el pasado has sido víctima del rechazo, el ridículo o la aflicción, ahora intentes evitarlos. La gente que ha sido herida decide subconscientemente, a partir de ese momento, no establecer relaciones estrechas e íntimas con otra persona. No están dispuestas a arriesgarse a que otra separación u otra pérdida les ocasione una nueva herida emocional. Su miedo al dolor es superior a su deseo de amor y, por tanto, eligen vivir una vida gris y sin amor para evitar el dolor de la pérdida; pero con esa decisión también se privan del gozo del amor. Al final acaban entumecidos, incapaces de sentir, y viven en silenciosa desesperación porque saben que el amor está abierto para todos, pero los riesgos y el dolor les impiden lanzarse.

—La verdad es que tienen un poco de razón... —aventuró el joven.

—No la tienen. Es como si un niño dijese que no quiere ningún regalo de Papá Noel o de los Reyes Magos por miedo a perderlo. En mi opinión, una razón por la cual muchas relaciones no funcionan es porque la gente es incapaz de comprometerse.

—¿Qué quiere decir? —pregunto el joven.

—Toda relación está sujeta a altibajos, tiempos buenos y malos, ¿estás de acuerdo?

El joven hizo un gesto afirmativo con la cabeza.

—Ahora bien, la manera en que nos comportamos cuando surgen esas situaciones difíciles es crucial para la relación. Por ejemplo, si cada vez que una pareja discute uno de sus miembros amenaza con cortar la relación, tarde o temprano la relación se hundirá, ya que la tratan como si fuese algo desechable. El amor no es la prioridad de esta pareja, no están verdaderamente comprometidos con él.

»Para que una relación funcione con éxito la pareja debe convertirla en su prioridad, situarla en sus corazones en un lugar por encima de cualquier otra cosa: deben considerarla más importante que la profesión, la economía, el coche, la casa o el vestuario. En resumen, la separación nunca será considerada como una opción. Por muy acaloradas que sean sus discusiones, ningún miembro de la pareja amenazará con romper la relación. Una vez que la separación se convierte en una posibilidad, por muy remota que sea, comienzan a aparecer los verdaderos problemas.

»Estar comprometido con algo, sea lo que sea, un trabajo, una relación o incluso un equipo de fútbol, significa que abandonar no es una opción cuando las cosas se ponen mal. Nuestro problema es que muchas veces no estamos realmente comprometidos con la situación y, por tanto, renunciamos en los momentos difíciles.

»Todo el mundo desea amor y relaciones amorosas, pero la cuestión clave es: ¿Estás realmente comprometido a ser 'amante', a encontrar a ese alguien especial que dices buscar? –concluyó el señor Conran.

—¿Qué quiere decir con eso? –preguntó el joven al tiempo que levantaba la vista de su bloc de notas.

—Déjame que lo exponga de otra manera –ofreció el señor Conran–. ¿Estás comprometido a enfrentarte a tus miedos al rechazo y al fracaso? ¿Estás dispuesto a hacer lo que sea necesario para procurarte amor en la vida? Porque si lo que quieres en la vida es experimentar amor y contar con una relación amorosa, sólo ese nivel de compromiso te permitirá alcanzarlos. Por eso, una pregunta crucial que debes formularte al inicio de una relación es: ¿Me siento realmente comprometido con esta persona y esta relación?

»Verás, el compromiso es un ingrediente esencial en la vida. Después de todo, una madre cariñosa y amante no le dice a su hijo: 'hoy te quiero, pero no estoy segura de lo que sentiré mañana'. Ama a su hijo siempre, en los buenos y en los malos momentos. Los problemas surgen cuando no nos comprometemos de lleno. Te daré un ejemplo: conozco a dos hombres, ambos tienen esposa e hijos. Uno de ellos se pasa la vida en la oficina o en el campo de golf; el otro buscó intencionadamente un trabajo que le permitiese dedicar tiempo a su familia. No es preciso ser muy inteligente para adivinar cuál de ellos ha establecido una relación más verdadera y amorosa.

—Si le he entendido bien —interrumpió el joven—, lo que quiere decir es que si deseamos atraer amor y estabilidad a nuestra vida y a la de las personas que amamos y nos aman, es preciso establecer un compromiso con uno mismo e involucrarnos en eso que consideramos importante.

—Lo has explicado de maravilla. Yo no lo hubiera hecho mejor —respondió el señor Conran con una sonrisa—. En última instancia, se trata de hacer del amor y de las relaciones con amor lo más importante en tu vida. El compromiso es lo que establece la diferencia entre sentir amor por alguien o simplemente agrado. Una vez vi en televisión una entrevista con un senador de los Estados Unidos contando sus experiencias en la segunda guerra mundial donde sufrió heridas graves e irreversibles en la columna. Mientras reconstruía la historia, las lágrimas comenzaron a brotar de sus ojos. 'Mi padre', dijo, 'viajó más de tres días en tren para venir a verme. Era ya bastante mayor y sus piernas estaban medio paralizadas por la artritis. Sin embargo, no le importó pasarse tres días de pie en ese tren'. La voz del senador comenzó a temblar. 'Debió... debió de padecer un dolor tremendo. Cuando llegó al hospital donde yo estaba, sus tobillos estaban hinchados y tenías llagas... pero lo consiguió'.

»A eso ¡yo lo llamo compromiso!, pero no es muy diferente de los millones de padres que se sacrifican a diario por el bienestar de sus hijos. Anteponen las necesidades de sus hijos a las suyas y a todo lo demás. El compromiso es una prueba de verdadero amor. Es simple: si no te sientes realmente comprometido con una persona es porque no la amas.

—Eso es interesante —remarcó el joven—. Pero, ¿no cree usted que hay excepciones a esa regla?

—Yo no puedo pensar en ninguna. Lo cual me trae de vuelta a la razón por la que acabé en el mundo de la enseñanza. Como ya te dije, antes de conocer al anciano iba deambulando por la vida, sin comprometerme con nada ni con nadie. Después de conocerle y aprender sobre los secretos del amor abundante, decidí que deseaba hacer algo en mi vida que realmente mereciese la pena y compartir lo que acababa de aprender con los demás

—Cuando acepté este puesto, lo hice con muchas reservas —confesó el director del colegio—. En aquella época, hace ahora veinte años, existían problemas espantosos: algunos de los alumnos tomaban y vendían drogas; todos los días había peleas entre bandas callejeras rivales, dentro y fuera del colegio; y los chavales apenas sabían leer cuando terminaban en la escuela. Pero, por otra parte, esas condiciones fueron las que me indujeron a tomar este puesto.

—¿Qué le impulsó a querer enseñar en una escuela de esas características? —preguntó el joven con curiosidad.

—En primer lugar se trataba de un verdadero desafío. Pero lo más importante era que deseaba que estos chicos conociesen algo diferente. Había leído acerca de un proyecto de investigación llevado a cabo en las chabolas más pobres de Baltimore. Un profesor de sociología de la universidad de Baltimore organizó un estudio con sus estudiantes en el último año de carrera. El objetivo era visitar las escuelas de la zona y redactar una evaluación sobre el futuro que les esperaba a esos niños de manera individual. Todos los informes fueron devueltos con el comentario. 'No tiene futuro'. Sin embargo, veinticinco años más tarde, otro profesor de sociología decidió realizar un seguimiento de ese proyecto inicial y con la colaboración de sus estudiantes se embarcó en encontrar a esos niños, ahora adultos, y ver en qué situación se encontraban. Veinte de ellos habían abandonado la ciudad y fue imposible localizarlos pero, de los 180 restantes, 176 habían dado un giro tremendo a sus vidas y ahora eran abogados, médicos y profesionales muy respetados. El asombro del profesor fue tal que decidió investigar más a fondo. Después de ponerse en contacto con cada una de estas personas, les preguntó: '¿A qué atribuye usted su éxito?'. En todos los casos, la respuesta fue la misma: 'a mi maestra de la escuela'.

»Lo extraordinario fue además que la maestra aún vivía. Con sus cerca de noventa años esta robusta mujer aún conservaba una mente aguda. El profesor fue a visitarla y le preguntó sobre las técnicas educativas que había empleado para lograr que 176 de 180 niños procedentes de un barrio tan pobre y problemático venciesen esas circunstancias y lograsen un éxito tan extraordinario.

»La mujer sonrió con malicia y replico: 'Es muy sencillo. ¡Amaba a esos niños!'

»Cuando leí esa historia —prosiguió el señor Conran—, una llama se encendió en mí y decidí que quería seguir los pasos de esa maestra tan extraordinaria. Sabía que el poder del compromiso me ayudaría a lograrlo. Poco después me matriculé en ciencias de la educación y me hice maestro. Después empecé a trabajar en escuelas situadas en barrios pobres. Al principio no fue nada fácil y muchas veces me dieron ganas de renunciar, pero cuando surgían esos momentos me recordaba a mí mismo que abandonar no es una opción cuando se está verdaderamente comprometido. Y ahora, como tú mismo has podido observar, tenemos un colegio del que podemos estar orgullosos. Los chicos que salen de aquí tienen ahora esperanza en el futuro, y eso lo hemos conseguido no porque les hayamos dado una educación especial, sino porque los queremos y estamos comprometidos a que su verdadero potencial florezca.

Esa misma noche el joven leyó las notas que había tomado durante su encuentro con Stanley Conran:

El octavo secreto del Amor abundante: El poder del compromiso

Si deseas amor en abundancia, debes establecer el compromiso de lograrlo, un compromiso que se reflejará en tus acciones y en tus pensamientos.

El compromiso es la verdadera prueba de que el amor está presente.

Si quieres tener una relación con amor, debes comprometerte a crear la relación que quieres.

Cuando estamos realmente comprometidos a algo o con alguien, abandonar nunca es una opción.

El compromiso distingue una relación frágil de una sólida.

El noveno Secreto

El poder de la pasión

Al día siguiente, el joven se dirigió al despacho de la novena persona de su lista. Era un hombre llamado Peter Serjeant, director jefe de una gran agencia publicitaria. Su amplio despacho estaba situado en un último piso y brindaba excelentes vistas panorámicas del sudeste de la ciudad.

—La primera vez que oí hablar sobre los secretos del amor abundante —comenzó a explicar— fue hace diez años. Recuerdo ese día como si fuese ayer. Me había quedado tarde a trabajar, eran sobre las nueve. Ya había despachado los asuntos pendientes en mi mesa y estaba pensando en cómo decirle a mi esposa que quería divorciarme. Llevaba semanas pensando sobre el asunto. Hubo una etapa en la que estuvimos locamente enamorados el uno del otro pero, con el tiempo, la relación empezó a deteriorarse. No podía decidir cuándo, cómo ni dónde ¿Había sucedido de la noche a la mañana, o en un momento en concreto? Me era imposible decidir, todo lo que sabía era que habíamos perdido lo que teníamos y que habíamos dejado de intentarlo. Ya no había amor en nuestro matrimonio, sólo seguíamos un guión. Ya ni siquiera pasábamos los fines de semana juntos. Esa noche decidí que había llegado el momento de acabar con la farsa. La única salida era el divorcio.

»Justo en ese momento se abrió la puerta y entró un limpiador, un señor mayor de aspecto oriental, silbando la quinta sinfonía de Beethoven.

El joven sonrió.

—Le pregunté que por qué estaba tan contento y me dijo que uno no podía evitar estar contento cuando estaba enamorado. '¿Enamorado?', repliqué , '¿No ha pasado ya la edad para esas cosas?' 'El amor me mantiene joven y vivo', replicó él. Yo le contesté que debía ser una sensación formidable y él me lo confirmó. Entonces añadió: 'Seguro que una persona como usted sabe muy bien lo que es estar enamorado'. 'Si le soy sincero, hace mucho desde que me enamoré por última vez', confesé. 'Hablando así, se parece usted a un amigo mío que tiene problemas con su matrimonio y quiere dejar a su esposa'.

»No pude evitar que se me hiciera un nudo en la garganta y se me encogiera el corazón al escuchar lo que el anciano dijo a continuación: 'Estos amigos míos habían estado verdaderamente muy enamorados el uno del otro, pero con los años empezaron a tomar caminos distintos, y ¿sabe por qué?' Yo simplemente negué con la cabeza. '¡Porque se olvidaron de los secretos del amor abundante!'

—Era la primera vez que oía hablar de ellos –continuó diciendo el señor Scrjeant–. Me explicó que se trataban de diez principios inmemoriales que, cuando se ponían en práctica, generaban amor verdadero y hacían posible establecer una relación con amor... en abundancia.

»La verdad es que me resultó difícil creer en las palabras del anciano. Estaba convencido de que ningún principio ni secreto serviría para resolver la situación entre mi esposa y yo. Estaba seguro de que nuestro matrimonio se había acabado hacía mucho y que no existía solución posible. No obstante, escuché lo que el anciano estaba diciendo y tuve que reconocer que casi todo tenía mucho sentido. Antes de marcharse me entregó una hoja de papel que contenía una lista de diez nombres y números de teléfono y me dijo que, si deseaba saber más sobre los secretos del amor abundante, me pusiera en contacto con esas personas.

»Me metí el papel en el bolsillo y recogí mis cosas, listo para marcharme a casa. Justo en ese momento la puerta del despacho volvió a abrirse y entró otra limpiadora. Le dije que un compañero suyo ya había estado allí y había limpiado la habitación. Pero su respuesta me hizo sentir un tremendo escalofrío. Me dijo que no tenía ningún compañero y que ella era la única persona que realizaba la limpieza del edificio.

»Llamé inmediatamente a la empresa responsable de los servicios de limpieza y me confirmaron que en sus registros no constaba ninguna persona con esas características. Era todo un misterio. Además, era la primera emoción fuerte que entraba en mi vida desde hacía mucho tiempo. Estaba tan intrigado que tuve el impulso de llamar a mi esposa desde el despacho, algo que no hacía casi nunca. Al principio pensó que me había ocurrido algo grave, pero cuando le conté lo sucedido se mostró tan intrigada como yo. Al llegar a casa, por primera vez en muchos años, cenamos juntos y hablamos de verdad. Fue como si de repente nos hubiésemos embarcado juntos en una aventura para descubrir quién era el anciano y en qué consistían los secretos del amor abundante.

»Durante las semanas que siguieron los dos fuimos a visitar a las personas de la lista y la verdad es que ambos nos quedamos muy impresionados ante el efecto que los secretos tuvieron en nuestra vida. Nunca hubiera creído posible que cosas tan simples tuviesen un efecto tan radical. Comenzaron a producirse todo tipo de cambios: nuestra relación mejoró mucho y el amor que una vez habíamos sentido volvió. Además, nuestras relaciones con amigos, colegas de trabajo y familia también dieron un salto cualitativo. Un día, justo al despertarme, comprendí exactamente lo que me había sucedido: estaba enamorado, pero ya no sólo de mi esposa, sino ¡de la vida!

—¿De verdad que los secretos tuvieron un efecto tan enorme en su vida? –quiso asegurarse el joven.

—Sí. Todos los secretos añadieron una nueva dimensión a nuestra vida, pero el que más efecto tuvo en aquel momento fue... el poder de la pasión.

—¿Pasión? –repitió el joven con sorpresa, levantando la vista de su cuaderno–. ¡Pero si yo creía que el amor no tenía nada que ver con la atracción sexual!

—Y no tiene nada que ver –confirmó el señor Serjeant–. La pasión no está limitada al sexo. La pasión es entusiasmo y un profundo interés por algo. Cuando alguien o algo te apasiona de verdad se convierte en importante y estás continuamente pensando en su bienestar. Por eso, cuando perdemos nuestra pasión también experimentamos una pérdida en nuestra capacidad de amar. Después de todo, si pierdes el interés por alguien y deja de entusiasmarte, es bastante más difícil continuar amándole.

—Sí, supongo que lleva razón —admitió el joven.

—Una relación amorosa necesita de la pasión —prosiguió explicando el ejecutivo—. Por esa razón la mayoría de las relaciones son muy buenas al principio: la pareja siente pasión mutua. Ambos se sienten realmente entusiasmados y muestran verdadero interés el uno por el otro. El problema radica en que una pasión meramente sexual no dura. Pronto caemos en el aburrimiento y perdemos el interés.

»La pasión es como una chispa mágica que enciende el amor y lo mantiene vivo. Si pierdes la chispa, la relación acabará apagándose. No sucede de la noche a la mañana, sino que lleva tiempo. Lo más común es que una pareja se sienta muy enamorada y que todo tenga un aire de magia; pero un día, sin saber cómo, se despiertan y la pasión se ha esfumado de sus vidas; ya no están enamorados.

»Eso fue exactamente lo que nos sucedió a mi mujer y a mí: la pasión, la magia y el romance se apagaron.

—Pero una vez que se apaga, ¿cómo puedes reavivarla? —preguntó el joven intrigado.

—¡Sólo hay que crearla! —exclamó el señor Serjeant.

—¿Cómo se crea pasión? —insistió el joven—. Siempre he pensado que la pasión era un poco como la 'química' entre dos personas: se da o no se da.

—La pasión no es más que una excitación o entusiasmo enormes que enfocan nuestro interés —explicó el señor Serjeant—. La excitación puede surgir a partir de una 'química fuerte' entre nuestros cuerpos o una atracción sexual, pero esa pasión física no suele durar mucho por sí sola y no tiene poder para convertirse en la base de una relación estable, duradera y con corazón. Sin embargo, a través de nuestros pensamientos y sentimientos es posible crear una pasión mucho más poderosa que la que lograríamos con una simple 'química corporal'. Cuando estamos verdaderamente interesados en algo o en alguien, cuando realmente nos sentimos enardecidos, nos volvemos apasionados. En una relación amorosa esto se traduce en que siempre nos centramos en los atributos y los rasgos que nos fascinan de la otra persona.

—Suena muy bien —protestó el joven—. Pero llega un momento en que no te interesa nada de esa persona y, en esas circunstancias, encontrar algo excitante en ella es prácticamente imposible.

—En ese caso debes hacer un esfuerzo por encontrar algo que te resulte excitante y que despierte tu interés —insistió el señor Serjeant—. Si no lo haces, la relación carecerá de pasión y, sin ella, es muy poco probable que los miembros de la pareja la encuentren satisfactoria y sean felices.

—Pues creo que lleva razón —dijo medio pensando en voz alta—. La mayoría de mis relaciones se han terminado casi antes de empezar porque me aburría y perdía interés en la otra persona. Al principio todo es nuevo y fresco, excitante, pero a medida que la vas conociendo la relación se estanca y se convierte en algo aburrido. ¿Pero cómo evitar que eso suceda? ¿Qué puedes hacer a nivel práctico para mantener viva la pasión?

—Existen muchas maneras de mantener viva la pasión en la pareja —explicó—. Para empezar, puedes recrear experiencias pasadas que os resultaron apasionantes o despertaron vuestra pasión. Por ejemplo, puedes llevar a tu pareja al hotel en el que pasasteis la luna de miel, o reservar una mesa en el restaurante en el que cenasteis la primera vez que salisteis juntos.

»También puedes introducir espontaneidad en la relación. Sorprende a tu pareja de vez en cuando; haz algo que la haga reír o que dibuje una sonrisa en sus labios… Lo curioso es que cuando hagas este tipo de cosas, invariablemente, ella te seguirá y se las ingeniará para hacerte sonreír o darte una sorpresa. Sin percataros de ello, vuestra relación estará repleta de sorpresas. Mi mujer y yo, por ejemplo, decidimos hace años salir juntos al menos una vez al mes. Un mes yo elijo qué hacer y adónde ir y ella lo hace al siguiente. De esta manera, cuando es mi turno, mi mujer debe esperar hasta esa noche para averiguar cuáles son mis planes y, al mes siguiente, soy yo el que se lleva la sorpresa. Nos hemos prometido que, pase lo que pase, siempre haremos una salida sorpresa al mes.

»Cuando aprendí sobre el poder de la pasión, hice un esfuerzo consciente por hacer cosas que sabía que le gustaban a mi mujer: le compraba pequeños regalos por sorpresa, pasaba más tiempo con ella en casa y me interesé por su vida.

—¿Quiere decir que antes de eso no le interesaba la vida de su mujer? —dijo el joven.

—Al principio de la relación claro que me interesaba, pero después, poco a poco, todo se convirtió en una rutina. Todos los días eran lo mismo y creo que, con el paso de los años, la monotonía mató la pasión que habíamos sentido recíprocamente. Yo estaba tan inmerso en mi vida profesional que dejé de prestarle atención a la de mi mujer. Nunca me molestaba por preguntarle cómo le había ido el día, pero una vez que empecé a mostrar interés, ella también empezó a interesarse por mí y por mi trabajo. Y, a partir de ese momento, todo empezó a ir sobre ruedas.

»Para ser felices en la vida, todos necesitamos sentir pasión por alguien o por algo. Es posible sentir pasión por nuestro trabajo, nuestras creencias, nuestras aficiones, pero ante todo, debemos sentir pasión por nuestros seres queridos. El amor y la felicidad comparten la misma esencia; todo lo que necesitamos hacer es vivir cada día con pasión.

Unas horas después, el joven leyó las notas que había tomado durante su encuentro con el señor Serjeant:

El noveno secreto del Amor abundante: El poder de la pasión

* La pasión enciende el amor y lo mantiene vivo.

* Una pasión duradera no procede exclusivamente de la atracción física, sino que se origina gracias a un profundo compromiso, entusiasmo, interés y fascinación por la otra persona.

* La pasión se puede reavivar recreando experiencias pasadas en las que sentiste pasión.

* La espontaneidad y las sorpresas crean pasión.

* El amor y la felicidad comparten la misma esencia; todo lo que necesitamos hacer es vivir cada día con pasión.

El décimo Secreto

El poder de la confianza

Hacía ya poco más de un mes desde que el joven conoció al anciano y los secretos del amor abundante. No había duda de que su vida había cambiado para mejor. Pero seguía sin pareja, y no parecía haber perspectivas de encontrar a esa mujer especial que buscaba en el futuro inmediato. Hubo ocasiones en las que incluso dudó de la posibilidad de que sucediera. Deseaba creer que, en algún lugar, existía alguien especial esperándole, pero no podía estar totalmente seguro de ello.

La última persona de la lista era Doris Cooper, una anciana que vivía en un pequeño bungalow en un pueblecito situado a 20 kilómetros de la ciudad. El joven fue a visitarla a última hora de la tarde y, en su coche, le llevó 45 minutos llegar hasta su casa.

La señora Cooper, a pesar de sus 87 años, aún trabajaba como asesora matrimonial. Era una mujer muy vivaz, llena de vigor y, obviamente, enamorada de su trabajo. En la opinión del joven, la mujer se parecía al anciano oriental en muchos aspectos. Tenía una amplia sonrisa y sus ojos, de un tono verde claro, brillaban irradiando salud. Pero, además, había algo en ella que le resultaba extremadamente familiar. Tenía la impresión de haberla visto antes en algún sitio, pero no podía recordar dónde.

La señora Cooper le saludó con los brazos abiertos:

—Gracias por venir —le dijo—. Espero que el viaje no haya sido demasiado problemático

—Sin problemas, gracias —replicó el joven—. Me ha llevado menos de una hora.

—Por favor, pasa y siéntete como en tu casa —le invitó ella al tiempo que lo apremiaba a entrar.

—Su cara me resulta muy familiar —confesó el joven—. ¿Nos conocemos?

—No, que yo recuerde —contestó ella—. De vez en cuando escribo artículos para revistas femeninas...

La señora Cooper lo condujo a su despacho que hacía las veces de estudio y de sala de consulta para sus clientes.

—¿Te gustaría tomar algo? —ofreció—. Zumo de naranja o de manzana, té...

—Un zumo de naranja es ideal, gracias —replicó.

La anciana fue a traer la bebida y lo dejó solo. Mientras examinaba la habitación, el joven no pudo evitar sentirse impresionado ante la cantidad de libros de la señora Cooper, la mayoría sobre psicología, relaciones y amor. El despacho estaba decorado en suaves tonos naranjas, y había un enorme escritorio de roble, un sofá y tres sillones. Sobre la pared colgaban varios paisajes con puestas de sol y el océano. En el otro extremo de la habitación había una gran placa cuya inscripción no podía leer desde su asiento. Estaba a punto de levantarse para leerla cuando la señora Cooper abrió la puerta acarreando una bandeja con una jarra de zumo y dos vasos.

Se sentó en el sillón contiguo al que ocupaba el joven y le alargó un vaso de zumo.

—La primera vez que oí hablar de los secretos del amor abundante fue hace casi cincuenta años —comenzó a explicar la anciana—. Llevaba sólo dos años casada, pero ya me sentía muy desdichada. No podía soportar que mi marido se separase ni un minuto de mi lado. Puede parecer ridículo, pero el hecho de que quisiera pasar una velada con sus amigos o se fuese a jugar al golf los fines de semana, me angustiaba. Yo lo interpretaba como un rechazo hacia mi persona, y siempre estábamos discutiendo por eso. Si él decidía hacer algo por su cuenta, yo me sentía rechazada y él se quejaba de que lo estaba ahogando emocionalmente.

»La situación alcanzó su punto límite un fin de semana que fuimos a la costa. No llevábamos más de diez minutos en el hotel cuando vi a mi marido teniendo una conversación muy íntima con la recepcionista, una chica rubia muy atractiva. Naturalmente me enfadé y, allí mismo en recepción, nos enzarzamos en una tremenda discusión —tengo mal genio y a veces pierdo la paciencia con facilidad—. Después, dejé a mi marido plantado y salí del hotel. En los jardines había un banco con vistas al mar y me senté allí hecha un mar de lágrimas. Habíamos organizado esta salida para hacer las paces y rehacer nuestra relación, y en menos de diez minutos ya habíamos comenzado otra discusión.

»No sé el tiempo que pasé allí sentada antes de que una voz a mis espaldas me sacara de mi ensimismamiento. 'Perdone, ¿se encuentra bien?' Me volví y vi a un anciano oriental detrás de mí.

»Balbuceé que me encontraba bien y él añadió: 'Es una vista del mar preciosa, ¿no le parece?' Levanté la mirada y vi que el horizonte estaba tornándose escarlata. Era una puesta de sol verdaderamente hermosa, pero yo no estaba de humor para apreciarla. Me sentía realmente deshecha. Seguidamente, el hombre comentó: 'En China tenemos el dicho de que toda experiencia encierra una lección que puede enriquecer nuestras vidas'. Yo permanecí callada, pero él continuó hablando. 'Siempre se puede aprender algo, incluso de los problemas en nuestras relaciones. Sólo hay que buscar'.

»En ese momento levanté la mirada pensando que el anciano debía de haber oído la pelea entre mi marido y yo. 'Mire, sé que usted lo hace con la mejor intención del mundo, pero...', dije, pero él me interrumpió y continuó hablando. 'Tenía una amiga, una mujer hermosísima, que se casó con una excelente persona. Al principio estaban locamente enamorados, pero después de unos años empezaron a discutir casi todos los días. ¿Y sabe usted cuál era la raíz del problema?, que ella no confiaba en su marido y, por tanto, cada vez que él no se encontraba a su lado o hablaba con otras mujeres, ella se mostraba verdaderamente celosa y posesiva. A consecuencia de esa actitud, el marido empezó a sentirse ahogado en la relación, se sentía atrapado, lo que provocó que su amor por ella disminuyera'. Ahora, el anciano había conseguido captar mi atención y le pregunté: '¿Por qué se comportaba ella de esa manera? Igual tenía una buena razón'. 'La verdad es que no tenía ningún motivo', replicó el anciano. 'Su marido jamás la había engañado. El problema radicaba en que mi amiga era una persona muy insegura, lo que era comprensible si se tiene en cuenta que su padre había sido muy mujeriego y acabó abandonando a su madre. Imagínese, el hombre más importante de su vida la había abandonado a ella y a su madre; por tanto, subconscientemente, no confiaba en los hombres'.

»Al escuchar eso sentí que un nudo se formaba en mi garganta y el corazón se me encogía. Fue como si el anciano hubiese leído en voz alta la historia de mi vida. '¿Pero sabe una cosa?', prosiguió, 'lo curioso es que los problemas a los que nos enfrentamos en una relación, normalmente son producto de otros que acarreamos desde la infancia'. Le contesté que estaba completamente de acuerdo con él y que me daba la impresión de que todas nuestras acciones estaban determinadas por las experiencias de nuestra niñez. A esto respondió: 'Eso es cierto sólo si dejamos que nuestro pasado nos domine. Esa fue, de hecho, una de las lecciones que mi amiga aprendió de sus problemas matrimoniales. El futuro no tiene por qué ser equivalente al pasado. Sea cual sea nuestro pasado, sean cuales sean nuestras experiencias, todos tenemos la capacidad de cambiarlas'.

»Le pregunté si su amiga había conseguido cambiar y salvar su matrimonio, a lo que me respondió que, además de salvarlo, cada día que pasaba ambos se querían más. '¿Cómo se las arregló para conseguirlo?', quise saber. Él simplemente añadió: 'Gracias a los secretos del amor abundante'. No tenía ni la más remota idea de lo que quería decir, pero me entregó una hoja de papel. La ojeé y vi que contenía una lista de números de teléfono y nombres. Pero, cuando levanté la mirada, el anciano se había esfumado.

»Volví a la recepción del hotel para averiguar su número de habitación. La mujer con la que mi marido había estado hablando aún estaba de servicio. Le pedí disculpas por el altercado y entonces me confesó que él sólo le había preguntado por algún buen restaurante en la zona. ¡Quería darme la sorpresa de llevarme a cenar! El anciano tenía razón: mis inseguridades estaban provocando todos los problemas.

»Le pedí que me dijese el número de habitación donde el anciano se alojaba, pero ella me aseguró que no había nadie registrado con esas características. ¡Tampoco había ningún empleado que se le pareciese!

»Me dirigí a mi habitación, donde encontré a mi marido aún bastante enfadado. Le pedí disculpas por comportarme de la manera que lo hice y le confesé que me sentía avergonzada, especialmente después de enterarme que su conversación con la recepcionista era para darme una sorpresa. Le conté también mi encuentro con el anciano chino y lo que me dijo sobre los secretos del amor abundante. Mi marido aseveró que algo debía cambiar porque él no estaba dispuesto a mantener un matrimonio en el que sólo parecían existir peleas y discusiones.

»En las semanas siguientes concerté citas con las personas de la lista para averiguar más sobre los secretos y ver si lo que el anciano había dicho era realmente posible.

—¿A qué se refiere? —interrumpió el joven.

—A que todos tenemos la capacidad de cambiar —replicó ella.

—¿Y es verdad? —quiso saber él.

—Sin lugar a dudas. Todos los secretos son importantes para lograrlo, porque todos ellos nos ayudan a poner amor en nuestras vidas y relaciones, pero el que mayor impacto produjo en mi vida fue... el poder de la confianza.

—¿Confianza? —repitió el joven—. ¿Qué tiene que ver la confianza con el amor?

—Si no confías en alguien no puedes amarle.

—¿Por qué?

—Porque sin confianza sospechamos de todo el mundo, nos volvemos presa de la ansiedad y tememos que la persona nos traicione. Eso puede ejercer una presión insoportable en la relación: un miembro se siente ansioso y el otro atrapado.

»Algo que siempre debes recordar es que, cuando conoces y pones en práctica los secretos, las posibilidades de que tu matrimonio sea un éxito se multiplican gracias a que tomas conciencia de la necesidad de hacer ciertas cosas para nutrir la relación. Por ejemplo, no te casarás o vivirás con alguien hasta que te sientas dispuesto a comprometerte con la relación al cien por cien. Si te comunicas bien con tu pareja y le haces saber que la quieres, es mucho menos probable que se sienta amenazada, no querida o que desconfíe de ti.

—Lo que usted quiere decir es que si no confiamos en nuestra pareja, la relación está condenada al fracaso... —aventuró el joven.

—Efectivamente. Por eso, una de las preguntas que debes hacerte antes de asentarte definitivamente con alguien es: '¿Confío totalmente y sin reservas en esta persona?' Si la respuesta es negativa, yo te aconsejaría que te lo pensaras dos veces antes de dar el siguiente paso. Además, debe funcionar en ambas direcciones: la otra persona necesita también confiar plenamente en ti.

»Una gran lección que la vida me ha enseñado es que la confianza es un ingrediente esencial en toda relación con amor. Además de confiar en las otras personas, debes aprender a confiar en la relación en sí.

—¿Qué quiere decir con eso? —interrumpió el joven.

—A mucha gente le preocupa que una relación se acabe. Piensan para sus adentros: 'Es demasiado buena para ser verdad. No puede durar'. Hoy día la idea del matrimonio pone nerviosa a mucha gente, simplemente porque saben que el índice de divorcios es muy alto. Les preocupa que la relación acabe antes de empezar.

El joven no pudo evitar que se le subiesen los colores. Esas habían sido más o menos sus palabras al anciano cuando lo conoció en el banquete.

—Sí, claro, pero la verdad es que llevan parte de razón, ¿no le parece?

—¿En qué sentido? –indagó la señora Cooper.

—Bueno, lo cierto es que existe un alto índice de divorcios, así que la probabilidad de que un matrimonio dure no es alta.

—Pero olvidas que la probabilidad de que un matrimonio sobreviva sigue siendo aún superior a la que acabe en divorcio. Si te centras en las posibilidades de un divorcio, sólo estarás haciéndolo más probable. Por eso es importante confiar en la relación; si te comportas como si estuvieses caminando por el borde de un precipicio, la relación acabará fracasando.

—No comprendo cómo eso influye... –admitió el joven.

—No olvides que los pensamientos y los miedos pueden acabar haciéndose realidad. Si te imaginas ciertos tipos de problemas, tus temores se verán reflejados en tu conducta y, al final, tú mismo acabarás creándote el problema. Eso precisamente fue lo que me sucedió a mí. Al no confiar en mi marido, me volví tan obsesiva y celosa que estaba consiguiendo apartarlo de mí.

—Ya veo lo que quiere decir –asintió el joven.

—Mucha gente se imagina problemas antes de que éstos verdaderamente existan –prosiguió ella–. Una actitud así no conduce al amor ni a la felicidad. La única forma de salir de esa trampa es aprender a confiar en los demás, en ti y en la vida. La otra cara de la moneda es que también es necesario comportarse como alguien digno de confianza para que tu pareja no tenga motivos para sentirse insegura.

—¿Pero cómo se aprende a confiar en la gente si la causa de no hacerlo se remonta a problemas de la infancia? —objetó el joven—. Seguro que se necesitan años de terapia.

—No necesariamente —aclaró la señora Cooper—. Acércate —añadió, indicándole que se aproximase al extremo opuesto de la habitación donde colgaba la placa que el joven había observado antes.

En ella estaba inscrita la frase:

'La vida cambia cuando nosotros lo hacemos'

—Esta cita es la más poderosa que jamás haya encontrado porque nos recuerda que no necesitamos ser víctimas de nuestro pasado. Todos tenemos capacidad de cambiar. Como el anciano me dijo, el futuro no tiene que ser igual que el pasado. Nosotros mismos escribimos el libro de la Vida. La próxima página no tiene por qué ser igual que la anterior. Podemos empezar un nuevo capítulo; y eso es lo que los diez secretos del amor abundante nos permiten hacer: ¡cambiar! Lo que haya sucedido en el pasado es, en cierta medida, irrelevante. Ya estés experimentando problemas en tu relación actual o dificultades para establecer una nueva, con los secretos del amor abundante puedes cambiarlo.

»Conozco a mucha gente que ha caído en la apatía y renunciado a encontrar pareja. Están convencidos de que seguirán solteros para siempre y que les es imposible tener una relación estable y duradera. También he conocido a muchas personas que se sienten atrapadas en una relación sin amor y desdichada. Pierden la esperanza, se desilusionan y se vuelven sórdidas y cínicas. Se creen víctimas y, por eso mismo, se convierten en víctimas. Van por la vida en solitario, sintiéndose atrapadas o esperando a que alguien aparezca en sus vidas y las cambie por ellos. No quieren entender que la única persona capaz de cambiar algo en sus vidas son ellos mismos. Nadie más.

Justo en ese instante se abrió la puerta y un anciano, que llevaba el abrigo aún puesto, entró en la habitación. La señora Cooper se lo presentó como su marido. Cuando el señor Cooper se quitó el abrigo, el joven se acordó inmediatamente de dónde los había visto antes.

—¡Ahora me acuerdo! —exclamó al tiempo que chasqueaba los dedos—. ¿Fueron ustedes invitados a una boda hace aproximadamente un mes? ¿La boda de Mark Elkin y Sonia Spaid?

—Sí, ¿por qué lo preguntas? —replicó el señor Cooper un poco sorprendido.

—Allí los vi a ustedes por primera vez. Estaban bailando y me llamaron la atención porque se les veía muy enamorados. Me pregunté también sobre cuál sería su secreto.

—Pues ahora ya lo sabes —contestó la señora Cooper con una sonrisa en los labios.

—Entonces, supongo que también se encontraron con el anciano oriental —añadió el joven.

—¡No me digas que el anciano estaba en la boda de Mark y Sonia! —exclamó la señora Cooper.

—Allí fue donde yo le conocí —aseguró el joven.

Esa noche, ya tarde, de nuevo releyó sus notas:

El décimo secreto del Amor abundante: El poder de la confianza.

La confianza es esencial para establecer una relación con amor. Si un miembro de la pareja está cegado por la sospecha, la ansiedad y el temor, el otro se sentirá atrapado y emocionalmente ahogado.

No puedes amar a una persona plenamente a menos que confíes en ella.

Actúa como si la relación que mantienes con una persona nunca fuese a terminar.

Una manera de saber si una persona es la adecuada para ti es preguntándote: «¿Confío en ella plenamente y sin reservas?». Si la respuesta es negativa, piénsatelo con cuidado antes de comprometerte más.

Epílogo

El joven estaba sentado solo contemplando la escena. No había sido un banquete de boda tan extravagante ni majestuoso como otros a los que había asistido, pero se respiraba una atmósfera muy afable y los aproximadamente cien invitados estaban disfrutando de la celebración. Mientras la banda afinaba y empezaba a tocar sus primeras piezas, la mente del joven se transportó a esa otra boda, dos años atrás, en la que había conocido al anciano. No pudo evitar reírse para sus adentros al recordar lo cínico que se había mostrado entonces ante el amor.

También sonrió al recordar sus visitas a las personas de la lista. Aunque todas parecían sinceras y creían en lo que decían, en lo más profundo de su corazón él aún albergaba sus dudas. No estaba convencido de que los secretos del amor abundante funcionasen con él. Era evidente que habían funcionado con otras personas: gente que, como él, había buscado poner amor en su vida y relaciones; gente desilusionada con la existencia fría y solitaria que hasta entonces había vivido; y gente que, también como él, se había visto envuelta en relaciones insatisfactorias o problemáticas.

El joven había escrito en un pequeño cuaderno tres listas que resumían los secretos del amor abundante y cómo ponerlos en práctica en diversas situaciones. Siempre lo llevaba consigo para que le sirviese de inspiración en los momentos difíciles o para compartirlos con los demás.

Su tres listas eran las siguientes:

Los diez secretos del Amor abundante:
Cómo crear amor en tu vida.

Elige pensamientos llenos de amor.

Aprende a respetar a los demás y a ti mismo.

Céntrate en lo que puedes dar en vez de en lo que puedes tomar.

Para hallar amor, primero encuentra un amigo.

Abraza a la gente. Abre tus brazos y tu corazón.

Deja ir los temores, los prejuicios y los enjuiciamientos.

Expresa tus sentimientos.

- Muestra capacidad de compromiso: haz que el amor sea tu prioridad número uno.

- Vive con pasión.

- Confía en los demás; confía en ti mismo y en la vida.

Los diez secretos del Amor abundante: Cómo reconocer a tu alma gemela

- ¿Tiene las características físicas, emocionales, intelectuales y espirituales que precisas en una pareja?

- ¿La respetas?

- ¿Qué puedes ofrecerle tú para satisfacer sus necesidades?

- ¿Es tu mejor amigo o amiga? ¿Tenéis las mismas metas y objetivos, compartís un mismo sistema de valores y creencias?

- Cuando os abrazáis, ¿sientes que pertenecéis el uno al otro?

- ¿Os dais espacio y libertad para seguir creciendo y aprendiendo?

- ¿Podéis hablar el uno con el otro abiertamente y con toda sinceridad?

¿Estás realmente comprometido o comprometida con la relación?

¿Sientes pasión por él o por ella y por vuestra relación? ¿Es ella o él lo más importante de tu vida?

¿Confiáis plenamente el uno en el otro?

Los diez secretos del Amor abundante: Cómo volver a poner amor en tus relaciones.

Piensa en las necesidades de tu pareja tanto como en las tuyas propias.

Aprende a respetar a tu pareja y respétate tú. Pregúntate: «¿Qué respeto de mí?» y «¿qué respeto de mi pareja?».

Céntrate en lo que puedes aportar a la relación en vez de en lo que crees que puedes sacar de ella.

Haz de tu pareja tu amigo o amiga. Compartid intereses y buscad aficiones comunes.

Abraza y toca a tu pareja con cariño. Ábrele tus brazos.

Olvida el pasado y perdona. Empieza de nuevo.

Expresa tus sentimientos abiertamente y con sinceridad.

Comprométete en la relación. Sitúa a tu pareja en el número uno dentro de tu lista de prioridades.

Recrea la pasión en tus relaciones.

Aprende a confiar en tu pareja y en tu relación. Actúa como si fuese a durar para siempre.

A medida que incorporó los diez secretos del amor abundante en su vida, empezó a percibir cambios. No se trataba de algo obvio o tangible. No se produjeron cambios en su apariencia externa, ni había nada particular que él pudiese señalar con el dedo y, sin embargo, sabía que su conducta estaba dando giros importantes y profundos. Su familia, amigos y compañeros de trabajo se percataron de que se comportaba de manera distinta. Ahora los saludaba con los brazos abiertos y un abrazo en lugar de su habitual frío apretón de manos. También hablaba de forma diferente: mostraba más respeto e interés por ellos y siempre establecía contacto con los ojos. Además, dedicaba más tiempo a su familia y sus amigos, y se le veía realmente interesado y preocupado por su bienestar. Se esforzaba por recordar los cumpleaños de la gente y, si llevaba mucho tiempo sin saber de alguien, lo llamaba por teléfono aunque sólo fuese para saludar y decirle que no lo había olvidado. Pero lo más peculiar de todo fue que, sin razón alguna, practicaba actos de bondad. No era insólito verle por la calle con un ramo de flores en la mano y, sin más, entregárselo a un extraño, sólo por el gozo de observar la expresión de asombro y agrado en el rostro del transeúnte. Disfrutaba simplemente con ver a la gente sonreír. Sus amigos más íntimos también se dieron cuenta de que ya no le preocupaba encontrar pareja. No eran conscientes de que el joven estaba centrado en ser considerado y amoroso con la gente, pues confiaba que el amor que daba volvería a su debido tiempo; sabía que un día conocería a la mujer de sus sueños.

Algunos compañeros de trabajo y amigos le preguntaron a qué se debía el cambio. ¿Había encontrado una nueva religión? ¿Tomaba algún tipo de droga que producía euforia? Pocos de ellos le creyeron cuando les contó su encuentro con el anciano y lo que había aprendido sobre los secretos del amor abundante. Pero aquellos que escucharon su historia con una mente abierta y pusieron en práctica lo que les dijo, le llamaban a los pocos meses para, sin excepción, darle las gracias y contarle el enorme impacto de los secretos en su vida.

Un día, de forma totalmente inesperada, le sucedió algo maravilloso. Mientras estaba en su casa recibió una llamada de teléfono de una chica que le preguntó si sería posible verle y hablar con él. La chica le explicó que un señor chino le había dado su número de teléfono y le había dicho que él podría explicarle «algo sobre los secretos del amor abundante». Quedó en verla al día siguiente y desde el primer momento sintió una gran atracción por ella, y no sólo por la calidez de su mirada y la belleza de su rostro. Mientras hablaban sintió que, por fin, había conocido a su alma gemela, alguien con quien podía hablar de verdad sobre las cosas que le inquietaban y fascinaban.

Y ahora caminaba hacia él, con su belleza física sólo comparable a la delicadeza y belleza de su alma. Todo parecía estar sucediendo a cámara lenta. Contemplándola, se quedó sin aliento, sobrecogido por el intenso amor que sentía hacia ella. Fue un momento que recordaría para el resto de su vida, ese primer instante en que, por fin, comprendió lo que significaba tener amor en abundancia.

Había soñado con ello durante toda su vida, pero antes de conocer al anciano no lo había creído realmente posible. El joven hubiera dado cualquier cosa por ponerse en contacto con el viejo, darle las gracias y hacerle saber lo mucho que su vida había cambiado. ¡Hubiera sido un gran placer invitarlo a su boda!

Todos los asistentes estaban ahora aplaudiendo y vitoreando mientras el joven cogía la mano de la novia y la conducía a la pista de baile. Su traje, gris claro con doble solapa, le daba un aspecto distinguido, pero todos los ojos estaban centrados en la mujer que caminaba a su lado. Su sencillo y elegante traje de satén blanco resaltaba aún más su belleza natural.

Cuando llegaron a la pista de baile, se volvieron el uno hacia el otro y se miraron a los ojos. Los aplausos y silbidos cedieron a la música de la banda que había comenzado a tocar «su» canción.

El joven levantó la miraba y vio los rostros sonrientes de su familia y amigos que ahora, de pie, aclamaban a la pareja con efusión. Pero, al ver alrededor, su mirada cayó sobre una figura aislada situada cerca de la salida: ¡Era él! El anciano estaba allí, un poco separado del resto de los invitados, sonriendo a la pareja.

Índice